Rochus Misch

J'ÉTAIS GARDE DU CORPS D'HITLER
1940-1945

Témoignage recueilli par Nicolas Bourcier

Collection
Documents

le
cherche
midi

J'ÉTAIS GARDE DU CORPS D'HITLER
1940-1945

Préface

Rochus Misch est le dernier. L'ultime survivant de la garde rapprochée d'Adolf Hitler. Le dernier soldat à avoir quitté le bunker du Führer le 2 mai 1945, le jour où l'Armée rouge s'empare de la capitale du IIIᵉ Reich en ruine. Un des rares témoins à avoir vu les corps inertes du dictateur et de sa compagne, Eva Braun, recroquevillés sur un canapé dans leur cercueil de béton et d'acier. Le SS de vingt-sept ans à qui Joseph Goebbels, ministre de la Propagande, s'est adressé quelques minutes avant de se suicider à son tour.

Aujourd'hui, Rochus Misch accepte de se raconter, de prendre le temps pour retrouver son passé marqué par la tragédie allemande du XXᵉ siècle. Il est prêt. D'accord pour revenir sur sa vie et livrer dans le détail ses souvenirs pour la première fois dans un ouvrage qui portera son nom. Ce récit, cette histoire telle qu'il l'assume, constitue le document qui suit. Il est le résultat d'un travail de plusieurs mois. Un exercice délicat fait de retours sur le passé, un cheminement difficile aussi, parfois pénible et très souvent accablant d'un vieil homme qui n'a de cesse de cultiver seul le jardin de sa mémoire en prenant soin d'écarter les mauvaises pensées.

Ma première rencontre remonte à la fin 2004, chez lui, dans son pavillon berlinois. J'étais venu afin d'écrire son portrait dans le quotidien *Le Monde* pour lequel je travaille. À l'époque, *La Chute*, film à grand spectacle consacré aux dernières heures du Führer, venait juste de sortir dans les salles de cinéma et s'apprêtait à traverser le Rhin pour être projeté en France. Rochus Misch avait déjà fait parler de lui, d'abord dans les médias locaux, ceux de Berlin, puis un peu partout en Allemagne où il fut présenté à la fois comme ce « témoin exclusif », ce « citoyen ordinaire » dont le destin ne donnait pas lieu à polémique.

À l'heure dite, Rochus Misch était là, debout, raide même, dans l'embrasure de sa porte. Sa poignée de main était ferme, presque inquiétante. Ses épaules encore larges. Et puis il y avait ce regard, qui se pose et fixe aussi longtemps qu'il le faut. Dans le salon, la lumière était faible. La télévision éteinte. Les cheveux blancs, le gilet en laine à moitié boutonné donnaient à cet ancien garde du corps d'Hitler des allures de retraité sans histoire.

L'entretien dura plusieurs heures. Rochus Misch était seul avec une boîte à chaussures posée sur la table contenant des photos du dictateur, de ses proches, de son chien. Des piles de lettres aussi posées çà et là par dizaines, par centaines. Le téléphone n'arrêtait pas de sonner. Des journalistes de la presse écrite, des équipes de télévisions allemandes ou étrangères, des étudiants aussi, qui avaient trouvé son numéro dans l'annuaire. Lui ne s'en plaignait pas. Il semblait même savourer le moment, profiter de cette notoriété tardive après avoir été un habitué des notes de bas de page dans les ouvrages spécialisés.

Dans *Die Katakombe* (Éd. Rororo, 1975), un des textes de référence sur les derniers instants du nazisme, Uwe Bahnsen et James P. O'Donnel l'avaient décrit comme « un des témoins oculaires les plus importants parmi les "petites gens" qui entouraient Hitler [...], un des témoins fiables du bunker ». À le voir ainsi installé dans son salon, Rochus Misch donnait l'impression d'être ce jour-là un personnage singulier, cet unique survivant encore capable de prêter un visage à cette période si particulière de l'histoire allemande. Un visage bien vivant, le sien.

Pour les besoins de ce livre, les rencontres se sont multipliées à intervalles plus ou moins réguliers tout au long de la deuxième moitié de l'année 2005. Le texte qui en découle est moins l'histoire intime du dictateur nazi que celle d'un homme, d'un individu ordinaire qui s'est retrouvé aux côtés du pire chef d'État des temps modernes. Rochus Misch n'était pas idéologue, ni membre du parti nazi. Il a suivi le Führer, comme beaucoup d'autres. Orphelin de père et de mère, Misch s'est adapté aux aléas de son existence, des contingences de

la vie quotidienne. Un être dévoué. Au Führer, comme
à Gerda, sa femme militante sociale-démocrate avec
laquelle il affirme ne s'être jamais disputé.

C'est en l'écoutant aujourd'hui, avec ses faiblesses,
ses moments de silence, son absence vertigineuse de
doute et de remise en question que l'on mesure comment
le nazisme a pu s'installer et se développer, comment
un Hitler a pu séduire les foules et son entourage. Misch
est une succession de petites histoires, fascinantes et
ignobles, mais qui éclairent largement l'Histoire, la
grande. Aucune de ses « anecdotes » ne s'impose, mais
elles offrent d'irremplaçables éléments pour comprendre
les logiques qui ont nourri et animé cet État totalitaire.

Cet homme a servi un régime criminel sans avoir
participé directement aux actions meurtrières des
nazis. Cela ne l'excuse pas, mais permet d'avoir une
autre vision que celle manichéenne, polarisée en noir
et blanc, qui oppose salaud national-socialiste et héros
antifasciste. Misch s'est retrouvé au cœur du pouvoir
sans en faire partie. Toujours debout, les mains dans le
dos, il était dans l'angle mort du système. Ni trop proche
ni trop loin, ce jeune SS était tenu à distance, mais toujours disponible au moindre claquement de doigts.

Aucun tyran ne peut se passer de collaborateurs, et
de collaborateurs nombreux. À écouter Misch, on pense
à ce conformisme de groupe, à cette obéissance collective qu'il faut bien appeler adhésion et dont l'historien
Christopher R. Browning a minutieusement révélé
les mécanismes dans *Des hommes ordinaires* (Les Belles

Lettres, 1994). Misch, comme tant d'autres, a essayé de toutes ses forces de ne pas rompre les liens de camaraderie qui constituaient son monde social. Il a tout fait, comme tant d'autres, pour se conformer aux normes de sa communauté immédiate (le commando) et de la société en général (l'Allemagne nazie). À travers ses mots, on devine la force du devoir d'obéissance inculqué aux enfants, cette vertu prussienne par excellence empreinte d'autoritarisme et dont il révèle les contours lorsqu'il évoque le souvenir de son grand-père. Pendant les cinq années passées auprès d'Hitler, Misch ne retiendra pratiquement rien des dépêches et nouvelles qu'il tient dans les mains. Il mémorisera très peu les conversations téléphoniques qu'il transmet. Il ne posera pas de questions, ne demandera rien ou presque. Misch a appris à ne pas voir, à ne pas entendre. Il œuvra dans son coin, à sa place, tout en apportant jour après jour sa petite pierre à l'édifice nazi. Il le répète : « J'ai fait mon travail correctement, c'est tout. » Un travail ordinaire dans un lieu de travail ordinaire avec un patron ordinaire.

Traudl Junge – la secrétaire qui avait tapé le testament du Führer – est morte en 2002. Elle déclarait dans un documentaire d'André Heller qu'Hitler « était un véritable criminel », mais qu'elle ne l'avait pas remarqué, « comme des millions d'autres personnes ». Misch, lui aussi, se trouvait au cœur de toutes les informations qui parvenaient à la tête de l'État nazi. Mais il n'a rien vu ou voulu voir. Il n'a rien su parce qu'il a détourné

9

les yeux. Pas question, même aujourd'hui, d'admettre qu'Hitler est un meurtrier. Impossible pour lui d'accepter une quelconque culpabilité. « C'était mon chef, explique-t-il. Avec moi, il était attentionné et gentil. »

Tout est là pourtant, en pointillé : les crimes commis par celui que l'on sert, le refus de savoir et les silences coupables. Dans *Les Naufragés et les Rescapés* (Gallimard, 1989), Primo Levi écrit que plus les éléments s'éloignent, plus s'accroît et se perfectionne la construction de la vérité qui arrange. Misch, quatre-vingt-huit ans, en est là. Ses « je ne sais pas » et « je ne me souviens pas » paraissent comme fossilisés, figés dans la formule. Sa parole est froide, sans émotion, presque lisse. Elle est celle d'un témoin oculaire, mais sans profondeur de champ. Un monstre d'innocence et d'aveuglement.

Nicolas BOURCIER
Paris, le 12 février 2006

J e m'appelle Rochus Misch. J'ai quatre-vingt-huit ans et habite une petite maison de Rudow, un quartier résidentiel de Berlin. Je suis seul. Ma femme Gerda est décédée il y a six ans d'une longue maladie. Notre fille ne veut plus me voir. Parfois, elle appelle pour mon anniversaire. C'est tout. Aujourd'hui, je veux témoigner, faire le récit de ma vie, raconter dans le détail et autant que le permet ma mémoire comment un jeune homme de vingt-trois ans comme moi s'est retrouvé à passer cinq années auprès d'Hitler, de mai 1940 jusqu'à son suicide, le 30 avril 1945.

Jour et nuit, j'ai fait partie, pendant toutes ces années, de la garde rapprochée du Führer, un petit groupe de gardes du corps composé d'une vingtaine d'hommes et appelé Begleitkommando Adolf Hitler. Cinq années de guerre pendant lesquelles j'ai veillé à sa sécurité, transmis les dépêches, les lettres et les journaux, travaillé aussi en tant que téléphoniste dans la chancellerie et dans les dernières semaines dans le bunker

11

personnel de celui que les plus anciens d'entre nous appelaient le « chef ».

Je ne participais pas aux discussions entre le Führer et les dignitaires du régime nazi. Mon rôle était de rester à tout moment disponible, mais en retrait, toujours dans l'ombre. J'ai vécu la guerre aux premières loges, debout, placé au cœur du pouvoir sans en faire partie. C'est là, au Berghof, le chalet alpin d'Hitler situé près de Berchtesgaden, à Berlin ou encore dans les différents quartiers généraux qu'il s'était fait construire un peu partout en Allemagne et en Europe que j'ai saisi des conversations, entendu des paroles indiscrètes derrière une porte, fait le point avec d'autres camarades sur les événements en cours.

Pendant toute cette période passée dans le sillage du Führer et les années qui ont suivi l'effondrement du IIIᵉ Reich, je n'ai jamais rédigé de notes. Rien. Excepté un court texte écrit dans l'immédiate après-guerre et dans lequel j'ai voulu témoigner sur les conditions difficiles de ma captivité en Union soviétique.

Depuis la mort en octobre 2004 d'Otto Günsche, l'aide de camp d'Hitler, je suis le seul survivant de ce petit cercle qui entourait quotidiennement le Führer. Je n'en tire aucune fierté. Je pense avoir fait mon travail de soldat correctement, ni plus ni moins.

Je n'ai pas été membre du NSDAP, le Parti national-socialiste allemand. Je n'ai pas fait partie des Jeunesses hitlériennes *(Hitlerjugend)*. Je n'avais pas non plus le livre *Mein Kampf* à la maison, je ne l'ai d'ailleurs jamais lu. Pour essayer de comprendre comment j'en suis arrivé là, il me faut revenir en arrière, remonter le fil de mon histoire, bien avant ce jour du mois de mai 1940, lorsqu'un de mes supérieurs me présenta pour la première fois à Hitler en personne, chez lui, dans une des pièces de ses appartements privés de la chancellerie.

Une enfance joyeuse malgré tout

J e suis né en pleine guerre, le 29 juillet 1917, le jour où les hommes du village ont porté le cercueil de mon père jusqu'au cimetière. Ma mère était alitée dans la maison de ses parents, à Alt Schalkendorf, en haute Silésie. À travers les fenêtres de la pièce, elle a vu défiler sous ses yeux le cortège portant le cercueil de son mari. Elle s'est mise à crier, beaucoup. Les cloches sonnaient. La scène était horrible, d'après ce que l'on m'a dit.

Mon père était revenu du front grièvement blessé quelques jours plus tôt. Il eut à peine le temps de voir ma mère enceinte une dernière fois avant de mourir. C'est pratiquement tout ce que je sais de lui excepté qu'il était alors âgé de trente-six ans, qu'il était ouvrier du bâtiment et s'appelait Rochus, un curieux prénom d'origine française, semble-t-il, et qui signifiait « rouge ». Ma mère a accouché quelques heures après la mise du corps dans sa sépulture. Devant l'officier d'état civil, on m'a donné le nom de mon père, tout naturellement.

Ma mère est morte, elle, deux ans et demi plus tard. Elle était atteinte d'une infection aux poumons occasionnée très certainement par une forte grippe. D'elle non plus, je ne sais pas grand-chose. J'ai été élevé par ses propres parents qui sont devenus mes parents de substitution. Ils parlaient très peu de leur fille. Il n'y avait pas de photo d'elle au mur. Je n'ai pas grandi dans le souvenir de mes parents disparus.

Mon enfance a été malgré tout joyeuse. Une vie à la campagne, simple et plutôt calme. Nous avions une vache, un cochon et un hectare de terre. Le frère de ma mère est venu s'installer dans la chambre qu'elle occupait. J'avais un très bon copain, Paul, le fils des voisins, avec qui on allait pêcher, faire du vélo. Je lisais aussi un peu, des romans de cape et d'épée, des histoires de batailles, de croisades et de sièges d'un auteur qui s'appelait Heinrich von Plauen. L'année de mes cinq ans, mon frère aîné est décédé à son tour, mort d'hydrocution en tombant dans la rivière du coin alors qu'il jouait avec ses copains. Un nouveau deuil, mais je n'en ai presque pas gardé de souvenir.

À table, j'écoutais beaucoup mon grand-père. Il était ouvrier, un manœuvre sur des gros chantiers de travaux publics. Il racontait longuement comment il avait participé à la construction du canal de Teltow, ici à Berlin. Il lui arrivait aussi d'évoquer cet épisode extrêmement douloureux pour lui lorsque les militaires allemands avaient refusé de l'incorporer en 1871, au cours de la guerre contre la France. Il en avait été malade.

Grand-père était un homme de principes et un prag-matique. Un dur aussi, doté d'un caractère autoritaire, très prussien. Même s'il se montrait très gentil avec moi, il fallait l'écouter avec attention lorsqu'il disait quelque chose. Pour lui, il était hors de question que je fasse autre chose qu'une formation pour apprendre un métier manuel. « Tu auras tout le temps d'étudier plus tard », répétait-il sans cesse. Un jour, le directeur de l'école est venu à la maison pour lui dire que je devais absolument continuer mon cursus scolaire, qu'il fallait à tout prix que je sois inscrit dans un lycée, dans un établissement de la ville voisine d'Oppeln (aujourd'hui Opole en Pologne).

Mon grand-père n'a pas cédé. Il a tenu tête, parlé fort. D'après lui, avec les bonnes notes obtenues toute l'année en dessin, je devais en toute logique devenir peintre. L'idée a été soutenue par ma cousine présente dans la pièce à ce moment-là. Elle a proposé d'en parler immédiatement à son mari qui allait m'aider à décrocher une place d'apprenti dans un atelier d'Hoyerswerda, une petite ville de Saxe. Le directeur d'école a quitté la maison familiale peu de temps après la discussion. Mais je ne sais pas quelles étaient ses impressions. Tout ce dont je me souviens, c'est d'avoir prévenu ma tutrice légale, la sœur de ma mère qui vivait à Berlin, et préparé mes valises quelques semaines après pour partir à mon tour.

J'ai débarqué à Hoyerswerda en 1932, en pleine adolescence. Les responsables de la formation m'ont pris entièrement en charge, ce qui semblait assez courant à l'époque. J'étais nourri et logé dans l'appartement d'un de mes maîtres dont je n'avais pas les clés. Chaque soir, je devais attendre son retour avant de pouvoir accéder à la chambre qui m'était destinée.

Dès les premières semaines, je me suis attelé à la tâche, travaillant dur, sortant peu. Les événements politiques de l'époque n'ont pas eu de prise sur moi. L'ascension d'Hitler ne me préoccupait aucunement. Je ne m'intéressais pas de savoir qui il était ni d'où il venait, cet homme ne me disait rien. Je n'ai pas non plus en mémoire d'avoir observé de troubles particuliers, de manifestations dans les rues ou de mouvements de protestation politiques. Je venais d'un village et mes centres d'intérêt étaient pour ainsi dire ailleurs. J'étais là pour m'en sortir, réussir au mieux cet apprentissage qui s'annonçait difficile, soutenu. Très tôt, j'avais appris dans la maison familiale à prendre soin de moi, à mener une vie en solitaire, peu tournée vers l'extérieur.

Le jour où Hitler est devenu chancelier, le 30 janvier 1933, je crois qu'il y a eu quelques expressions de joie au centre-ville. Mais je ne pourrais pas en dire davantage. Hoyerswerda était une petite agglomération où il ne se passait de toute façon pas grand-chose. La ville était plutôt orientée politiquement à gauche en raison des nombreux travailleurs dans les mines de lignite aux alentours. Les syndicats devaient y être nombreux et bien implantés comme un peu partout ailleurs dans la région. Mais je n'avais pas de contact avec eux. Je n'ai pas vu d'arrestations, de poursuites ou de coups de force d'unités nazies contre des individus ou des groupes de personnes dans les mois qui ont suivi l'avènement du nouveau régime.

J'avais deux responsables de formation. L'un soutenait les nazis, l'autre – celui qui me logeait et duquel je me sentais assez proche – penchait plutôt du côté social-démocrate. À les voir au quotidien dans cet atelier, ces deux hommes n'ont pas exprimé une seule fois publiquement leur désaccord. J'ai su seulement que le fils du premier allait à ce que l'on appelait la Napola, la Nationalsozialistische Erziehungsanstalt, une sorte d'internat d'école inculquant les idées nationales-socialistes dont je ne pourrai pas dire grand-chose, excepté qu'elle s'adressait aux adolescents en vue de les intégrer très certainement dans le parti nazi.

Le fils du second maître s'appelait Gerhard Schüller. Nous sommes devenus amis assez rapidement. C'est lui qui m'a inscrit dans un club de sport de la ville. Lui qui m'a aussi donné une paire de chaussures de football parce que je ne pouvais pas m'en payer une, alors qu'il trouvait que je jouais sacrément bien balle au pied. Il a convaincu son père de me laisser participer à l'entraînement une fois par semaine. Celui-ci est même venu me voir jouer une fois contre l'équipe des jeunes du Sparta de Prague.

Soldat

J'ai eu dix-huit ans en 1935. Ma formation était grati-
fiante, riche, j'apprenais beaucoup et les maîtres
appréciaient mon travail. Au cours de l'année, j'ai été
chargé de remplacer notre peintre attitré *(Kunstmaler)*
qui venait de tomber malade pour finir deux grands
tableaux destinés à un club de tir d'Hoyerswerda. Une
fois l'ouvrage terminé, j'ai empoché une très belle
somme pour l'époque, près de 500 reichsmarks [1]*.
Avec cet argent, je me suis payé une qualification professionnelle de six mois à Cologne, une école de
maîtres d'art *(Meisterschule)*, d'aménagement intérieur
et de dessin publicitaire. Là encore, ce fut une très
bonne formation. J'y ai appris les techniques de dorure
que très peu de personnes maîtrisaient, la peinture

---

1. Pour apprécier les ordres de grandeur de l'époque, voir l'ouvrage
de Götz Aly, *Comment Hitler a acheté les Allemands*, Paris, Flammarion,
2005, p. 18. L'auteur rappelle qu'en 1939 un salaire mensuel brut de
200 reichsmarks était supérieur à la moyenne et qu'une retraite de
40 reichsmarks mensuels était correcte.
* Cette note et les suivantes sont de Nicolas Bourcier. *(N.d.É.)*

aussi pour décors de théâtre et différentes méthodes de graphisme de réclame. C'est là, dans cette ville, que j'ai vu les soldats allemands partir pour réoccuper la zone démilitarisée de Rhénanie [2]. La ville était en joie. Des orchestres jouaient un peu partout devant une foule de badauds. Les gens paraissaient ravis. Je me serais cru au carnaval même si je voyais tout cela d'un peu loin. Je suis revenu à Hoyerswerda terminer ma formation peu avant l'été 1936. La chance a voulu que je décroche deux places lors d'un concours de tir organisé par la ville pour assister aux Jeux olympiques de Berlin dont l'ouverture était prévue pour le 1er août. J'ai pris le train, invité ma tante, et nous voilà embarqués en direction du stade situé à l'ouest de la capitale.

Le spectacle était grandiose. L'enceinte et les infrastructures mises en place par les autorités étaient immenses, gigantesques. On avançait, reculait, se laissait emporter par cette marée humaine comme dans un flot ininterrompu. Après un moment indéterminé, nous nous sommes retrouvés aux abords du stade, devant l'entrée des officiels. Soudain surgit de nulle part une cohorte de voitures noires, décapotables. Dans l'une d'elles se trouvait Hitler, debout, saluant la foule, toujours plus nombreuse. Sa limousine s'est arrêtée à dix mètres de nous, très près. Les hommes et les femmes criaient si fort, exprimaient une joie tellement

---

2. Le 7 mars 1936.

intense, si particulière. Je n'avais jamais vu pareil spectacle. On avait l'impression que le monde exultait. Tous
ensemble nous regardions dans la même direction, saisis
par une même excitation émouvante et jubilatoire. Aux
côtés d'Hitler, il y avait ces hommes en noir avec leurs
ceinturons de couleur blanche tentant de se frayer un
chemin, de retenir cette masse de gens. Ces colosses
paraissaient imperturbables. Quelle scène ! Je me suis
mis à rêver, à m'imaginer faire partie du tableau. Très
vite, des images se sont mises à cogner dans ma tête :
moi, l'orphelin issu de sa campagne aujourd'hui au
milieu de ces rutilantes voitures, de cet événement
grandiose qui, nous disait-on, allait impressionner le
monde entier. J'ai pleuré. Ma tante m'a regardé et
demandé ce qui m'arrivait. J'ai bredouillé quelques mots.
Nous sommes rentrés un peu plus tard dans la nuit.

L'épisode berlinois ne m'a pas fait basculer dans le
parti nazi pour autant. Les aspects politiques du régime
continuaient à ne susciter aucune curiosité de ma part.
De retour à Hoyerswerda, je n'ai pas davantage engagé
de conversation sur la situation du pays ni sur ses dirigeants. Comme avant, je suis resté centré sur moi-même.
Peu de choses m'intéressaient en dehors de mon apprentissage et de certaines activités sportives.

À la fin de l'année 1936, j'ai obtenu mon diplôme
de peintre qualifié. Un ancien maître de la formation
m'a tout de suite embauché pour travailler avec lui à
Hornberg, en Forêt-Noire. Il avait monté une petite
entreprise qui marchait plutôt bien. Il devait embaucher

du personnel après avoir obtenu des financements publics pour un programme d'embellissement de villages et de petites villes de la région. Il fallait réaliser un certain nombre de plans et de croquis de futures habitations. Je gagnais quelque 0,95 reichsmark de l'heure, ce qui était amplement suffisant pour mes besoins. Là non plus, je n'ai ni rencontré ni côtoyé de personnes adhérentes au NSDAP.

À vingt ans, j'ai été convoqué pour effectuer mon service militaire [3]. Le centre de recrutement se trouvait dans la ville d'Offenburg. Je m'y suis présenté avec Hermann, un collègue de travail, un jeune de mon âge qui avait reçu une formation de dessinateur technique. Dans un coin du bâtiment, autour d'une table, des hommes en uniforme faisaient la promotion pour la *Verfügungstruppe*, une armée de réserve de trois régiments qui n'était pas comptabilisée de façon officielle dans les unités de la Wehrmacht [4]. Ces soldats nous ont expliqué que l'engagement dans cette troupe s'étendait certes sur quatre ans au lieu de deux ans pour l'armée régulière, mais qu'au terme de cette période il était possible d'intégrer directement un corps de l'État et

3. La conscription a été rétablie en mars 1935, malgré l'interdiction du traité de Versailles.
4. Les *Verfügungstruppe* (littéralement « troupes à disposition ») ont été mises sur pied en février 1935 sur ordre d'Hitler. En 1938, ce corps d'armée SS totalisait près de 14 000 hommes. Les unités Totenkopf (« Tête de mort ») du parti nazi chargées de la surveillance des camps de concentration comptaient, elles, 9 000 recrues.

décrocher un poste dans la fonction publique. Je vois encore Hermann calculer à haute voix, additionner les deux ans de service militaire « normal » aux six mois de service du travail, le *Reichsarbeiterdienst*[5], et les six mois de battement entre les deux. D'un côté, il y avait trois ans de service avec rien au bout et, de l'autre, quatre années passées dans de nouvelles unités militaires avec un emploi valorisant à la clé. Hermann n'a pas hésité, répétant en boucle qu'il allait enfin devenir agent de police et sillonner les autoroutes du pays sur une belle moto BMW.

J'ai suivi, apposé ma signature en bas de la feuille avec mes coordonnées sans savoir très bien où je mettais les pieds. J'avais une vague envie de travailler dans les chemins de fer. Un besoin de bouger, de voir d'autres horizons, peut-être aussi l'idée d'utiliser davantage ma formation de graphiste publicitaire. Ce jour-là en tout cas, nous avons été un peu moins d'une vingtaine de candidats à remplir le même formulaire. C'est-à-dire pas grand monde comparé aux centaines de nouveaux conscrits présents à Hornbach au même moment.

Après quelques semaines d'attente, j'ai dû me rendre à Munich pour passer les tests de sélection. Il a fallu se déshabiller, faire des exercices, de la gymnastique. On nous a pesés, mesurés. Au passage de certains,

---

5. « Service du travail du Reich », obligatoire pour tous les jeunes des deux sexes depuis le 26 juin 1935.

j'entendais les recruteurs dire à voix basse que « ceux-là n'avaient rien à faire ici ». C'est à ce moment-là que j'ai cru comprendre que la taille était importante, qu'il fallait afficher plus de 1,78 mètre sous la toise pour prétendre entrer dans la troupe [6]. Le soir même, on m'a collé entre les mains une convocation pour le 1er octobre 1937 à Berlin. Je n'ai pas revu Hermann et ne sais pas s'il a été accepté. À aucun moment, on ne m'a posé des questions sur mes origines familiales, ni cherché à savoir si je faisais partie d'une quelconque organisation nazie. Pas une seule fois, je n'ai demandé une affectation ou une spécialisation particulière.

Je me suis présenté le matin de mon incorporation devant l'école supérieure des cadets de Lichterfelde, un grand bâtiment de style prussien situé à Steglitz, au sud de la capitale [7]. Là, on m'a indiqué où se trouvaient mon unité et mon couchage. J'ai eu droit à deux uniformes de couleur vert-de-gris avec un long manteau. Sur les cols, l'insigne de la SS, la section de sécurité.

J'ai été incorporé dans la Verfügungstruppe appelée Leibstandarte Adolf Hitler, un régiment considéré comme faisant partie de la troupe personnelle du

---

6. À partir de décembre 1938, Heinrich Himmler, chef de la police et ministre de l'Intérieur, assouplit les critères de sélection pour augmenter le nombre de recrues dans la Leibstandarte et les différentes unités SS.
7. En 1934, les SS y établirent leurs quartiers. C'est dans les sous-sols de l'édifice qu'on passa par les armes 40 chefs SA lors de la Nuit des longs couteaux, le 30 juin 1934.

Führer [8]. En guise de reconnaissance, nous avions tous une fine bande d'étoffe portant notre nom cousue sur la manche gauche de notre uniforme. Deux autres unités de 3 000 hommes chacune, Deutschland et Germania, venaient compléter la Verfügungstruppe [9]. Ce n'est qu'un peu plus tard, un ou deux ans après mon arrivée, que ces formations ont été regroupées sous la nouvelle appellation de Waffen-SS [10]. Un peu plus tard encore, le groupe sanguin fut tatoué sur le haut du bras gauche de tous les hommes du régiment comme pour les pilotes de chasse et les corps de marine. Aujourd'hui, avec le temps, ce tatouage s'est effacé de ma peau. Les traces de mon rhésus ont disparu. Il n'en reste rien.

J'ai donc été membre de la Leibstandarte, assigné dans la cinquième compagnie ou, pour être précis, la première compagnie du deuxième bataillon. Les unités d'affectation découlaient de la taille des individus. Les plus grands, les escogriffes de deux mètres, se retrouvaient dans le premier bataillon de la première

---

8. La Leibstandarte-SS Adolf Hitler a été créée dès 1933. Cette garde personnelle était alors composée de 120 hommes et dirigée par Josef Dietrich.
9. Un quatrième régiment a été mis en place plus tard sous le nom de Der Führer.
10. Le 17 août 1938, Hitler reconnaît dans un décret la SS Verfügungstruppe comme un corps militaire « ne faisant partie ni de la Wehrmacht ni de la police ». Le 7 novembre 1939, le terme « Waffen-SS » apparaît pour la première fois dans un document officiel. D'après le texte, il regroupe « toutes les unités armées de SS et de police ».

compagnie. Moi, avec mon 1,82 mètre, je me suis retrouvé un peu plus loin, chez les «petits» si l'on peut dire, juste avant le troisième et dernier bataillon.

Tout cela me donnait un peu le tournis, l'impression de ne pas tout saisir. Je ne connaissais toujours pas grand-chose à ce Hitler et ne pense pas avoir été le seul dans cette situation. Les bras tendus, les *Heil !*, les prises d'armes, tout cela était nouveau pour moi. Toutefois, je dois l'admettre, j'éprouvais un curieux sentiment de bien-être. Cette atmosphère me procurait la sensation de devenir quelqu'un, d'avoir quelque chose en plus, de mieux. Ici, on se sentait choisi, sélectionné pour devenir membre d'une troupe d'élite, d'une unité de parade à la pointe de quelque chose dont les contours m'apparaissaient peut-être flous mais n'allaient certainement pas tarder à se révéler.

Notre préparation militaire reposait essentiellement sur des activités physiques. Je courais beaucoup, m'entraînais au 400 mètres et au demi-fond. Parfois, je fréquentais la salle de musculation où il n'était pas rare de croiser à l'échauffement le boxeur amateur poids lourd Adolf Kleinholdermann, très connu à l'époque. Le tir n'était pratiquement pas enseigné. J'ai dû peut-être faire deux ou trois séances en tout et pour tout avant le déclenchement de la guerre.

En revanche, notre unité se voulait moderne, entièrement motorisée pour être prête à intervenir dans les plus brefs délais. Il se disait entre nous que nos divisions étaient bien plus à la pointe de la technique que cette vieille armée de la Reichswehr. D'ailleurs, un certain nombre de gradés de la Wehrmacht avaient rejoint les rangs de la Leibstandarte. D'autres encore venaient de la police, toujours d'après ce que l'on racontait. Nous dormions par groupe de six dans les chambrées. Chez nous, ils étaient quatre à fumer des cigarettes. Je ne peux pas dire que nous avions des idéaux. En tout cas, en ce qui me concerne, je n'en avais pas. J'avais vingt ans, l'envie de bouger. Lors des permissions, je sortais parfois avec les autres pour marcher, me sentir dans un groupe, entre jeunes, non sans une certaine fierté.

La guerre des fleurs

Au mois de mars 1938, nous avons été mobilisés pour occuper l'Autriche. L'affaire fut bouclée en quelques heures. La frontière a été franchie par la troupe le 12 mars sans encombre et l'Anschluss déclaré officiellement dès le lendemain [1]. On a appelé cela le *Blumenkrieg* (la « guerre des fleurs »). Pas un seul coup de feu n'a été tiré par notre unité. À Vienne, nous nous sommes installés dans la cour d'un cloître. Des nonnes nous observaient, de loin. Elles paraissaient bien timides. Elles ont fini par nous installer des matelas sur le sol du réfectoire. On a beaucoup ri, mangé et chanté jusque tard dans la nuit.

J'ai rencontré ma future compagne trois mois plus tard. C'était à Berlin, au cours d'une fête de printemps

---

1. Le 10 avril, les populations allemandes et autrichiennes ratifient le coup de force par un plébiscite où 97 % des votants donnent leur accord. Une victoire nazie « stratégique et mobilisatrice », soulignent René Girault et Robert Frank dans *Turbulente Europe et nouveaux mondes* (Paris, Masson, 1988, p. 231).

organisée par un orchestre de police dans le grand parc de Treptow. Je me souviens encore que les copains de la caserne avaient insisté pour que je les accompagne. J'avais dû céder. C'est cette après-midi-là, au son des flonflons que j'ai croisé Gerda, Gerda Lachmund, qui venait tout juste d'avoir dix-huit ans. Elle sortait pour la première fois. Avant de se quitter, elle m'a invité chez elle la semaine suivante, ici à Rudow, dans l'appartement de ses parents. À partir de ce moment, on se voyait régulièrement, plusieurs fois par mois. Je débarquais le plus souvent à l'improviste. Il n'y avait pas de téléphone.

Gerda suivait un stage au ministère de l'Économie, au sein du département du commerce extérieur. Du haut de son 1,78 mètre, elle donnait l'impression d'être une jeune fille sérieuse, un peu comme une prof d'école. Ses cheveux étant courts, son visage dégageait une grande douceur. Gerda était belle. Nous nous sommes vouvoyés pendant au moins encore deux ans. Notre relation n'a pas commencé par un coup de foudre. L'amour est venu plus tard.

Les parents de Gerda m'ont rapidement adopté. Il m'arrivait d'aider le père qui avait un problème à la main pour les travaux de jardinage. Politiquement, il était très à gauche. Il avait été membre de l'USPD, une formation à la gauche du SPD, le Parti social-démocrate allemand, pendant la Première Guerre mondiale[2]. Sa

---

2. USPD : Parti des socialistes démocrates indépendants. Formation socialiste d'extrême gauche créée en 1917 et dissoute en 1931.

femme, elle, a adhéré au SPD en 1916. Ils étaient tous les deux à cent pour cent en faveur du mouvement des travailleurs. Le quartier lui-même était un fief historique des ouvriers. De très grosses usines s'y étaient installées comme AEG, Haenschel, de nombreuses aciéries aussi et des fabricants de câbles.

Je m'entendais bien avec le père. Ensemble, nous n'avons jamais débattu à propos d'Hitler ou du régime national-socialiste. Il a certainement vu certains de ses camarades de parti partir pour les camps de concentration ou quitter le pays, mais nous n'avons jamais abordé le sujet. Ne le voulait-il pas ? Avait-il peur de quelque chose ? Je n'ai pas les réponses. Je sais seulement que mon futur beau-père avait prévenu, peu avant la prise du pouvoir par Hitler, que ceux qui mettaient un bulletin dans l'urne pour les nazis votaient la guerre !

Il ne me posait pas de questions sur mon service, je ne lui en posais pas non plus sur la situation politique du moment. J'avais l'impression que c'était très bien ainsi. Parfois, il m'emmenait chez Paul Volkmann, que tout le monde appelait « oncle Paul », un ancien responsable du parti, un proche aussi d'Ernst Reuter, futur maire social-démocrate de Berlin dans l'après-guerre. Mais de tout cela on ne parlait pas. Pas avec moi en tout cas.

L'année 1938 m'apparaît avec le recul comme une période des plus agréables. Les Jeux olympiques étaient encore dans toutes les mémoires, l'Allemagne semblait au sommet de sa gloire et le chômage qui avait touché des millions de personnes paraissait d'un seul coup résorbé. Il y avait aussi ces images de joie, d'enthousiasme collectif, ces cris venus saluer les apparitions publiques d'Hitler. Je n'ai certes jamais assisté à de telles réunions ni même participé à une parade de notre régiment en présence du Führer parce que ce genre de manifestation était uniquement réservé aux plus grands d'entre nous. Je parvenais toutefois à me faire une idée de l'atmosphère qui pouvait régner lors de tels rassemblements en jetant un coup d'œil sur les unes des journaux qui se trouvaient dans la cantine de la caserne et en écoutant la radio de notre chambre qui retransmettait certains discours.

Je n'ai rien su de la Nuit de cristal [3]. Absolument rien. Personne n'en a parlé à l'époque, en tout cas pas en ma présence. Il est toutefois possible que cette nuit-là nous ayons eu une interdiction de sortie de caserne sans que l'on nous ait donné d'explications.

Au printemps 1939, nous avons à nouveau été mobilisés pour intervenir en Tchécoslovaquie [4]. Une fois encore, notre progression s'est déroulée sans rencontrer

---

3. Dans la nuit du 9 au 10 novembre 1938, 20 000 Juifs ont été arrêtés, 191 synagogues détruites par les flammes, plus de 1 000 magasins et maisons saccagés par des unités SS.

4. Le 15 mars 1939, les soldats allemands occupent la Tchécoslovaquie, qui cesse d'exister. Elle éclate en un protectorat de Bohême et Moravie et la Slovaquie, véritables satellites du Reich.

le moindre obstacle. Nous avons traversé les Sudètes, poussé jusqu'en Slovaquie et installé notre base pendant une semaine dans les faubourgs de Zilina, une ville accrochée dans une vallée montagneuse. Le contact avec les habitants était en règle générale plutôt amical. Certains ont exprimé de la peur. Nous tentions alors de leur expliquer que nous voulions uniquement de la nourriture et trouver des lits pour dormir. La famille de la maison dans laquelle je logeais nous a préparé un jour des gâteaux. Avant de partir, ils m'ont même donné un cadeau pour Gerda, une blouse blanche à qu'ils avaient cousue eux-mêmes à la main.

Cette guerre, qui n'en était pas une, nous amusait beaucoup. Tout semblait facile. On se reposait sans cesse, allongés dehors tous ensemble sous un soleil de plomb. Notre chef de compagnie nous mettait en garde chaque fois qu'il passait nous voir : « Celui qui rentre à Berlin avec un coup de soleil aura affaire à moi ! » Dans l'idée de protéger ma peau, je m'étais étalé sur le visage un peu de crème de zinc que chaque soldat possédait dans sa trousse de secours. J'ai très vite pris des couleurs !

L'été suivant, notre compagnie est partie cette fois pour six semaines dans le sud de l'Allemagne, sur cette montagne bavaroise de l'Obersalzberg où Hitler possédait un chalet. C'était la première fois que je me rendais à Berchtesgaden. J'étais alors loin d'imaginer qu'un jour je deviendrais un familier des lieux aux côtés du Führer.

Le séjour s'est déroulé dans une atmosphère champêtre et très détendue. J'ai pris cette période comme un stage de mise en forme. La caserne était très moderne et fonctionnelle. On faisait du sport, parfois quelques exercices de tir dans les sous-sols aménagés. On se reposait beaucoup aussi. C'était l'été 1939, à peine quelques jours avant le déclenchement des hostilités.

Au mois de septembre, nous avons été mobilisés pour partir en Pologne. Je crois que nous avons tous pensé que notre intervention allait à nouveau être un jeu d'enfant comme pour l'Autriche et la Tchécoslovaquie. Jamais je n'aurais pu croire que cette nouvelle campagne allait déclencher un conflit mondial impliquant Français et Britanniques. Certains ont peut-être alors posé des questions, exprimé des inquiétudes, pas moi.

Nous sommes donc partis de la caserne de Lichterfelde quelques jours après l'entrée des premières troupes allemandes en Pologne [5]. Le trajet s'est effectué en véhicules motorisés de marque Krupp, des voitures militaires avec trois essieux. Nous sommes d'abord restés un peu plus de deux jours en Silésie. Il n'y avait plus rien, les combats étaient déjà terminés. Nous avons ensuite

---

5. Le 1er septembre 1939, les armées allemandes envahissent la Pologne. Des bataillons armés SS prennent part à l'attaque. Les unités « Tête de mort » Oberbayern, Brandenburg et Thüringen sont déployées derrière les 10e et 8e armées avec pour mission de « pacifier » et « nettoyer » les zones, devenant ainsi « les premiers exécutants d'une politique d'extermination systématique », selon Wolfgang Schneider in *Die Waffen-SS* (Berlin, Rowohlt, 2003, p. 23).

poussé notre route vers l'Est. D'un seul coup, une attaque, des tirs. Un collègue originaire du lac de Constance reçoit une balle en pleine tête. Voilà mon premier véritable contact avec la guerre. Un moment très bref, tendu. Une fois le calme revenu, nous avons repris notre marche, jusqu'aux environs de Varsovie. De nombreuses troupes allemandes étaient déjà en position avant notre arrivée. Des tirs encore, un peu plus loin cette fois.

C'est là, ce 24 septembre 1939 devant la forteresse de Modlin, que le chef de notre compagnie s'est dirigé vers moi : « Toi qui viens de Silésie, tu connais bien quelques mots de polonais pour nous venir en aide ? » Je lui ai répondu que je pouvais me débrouiller avec des expressions allemandes polonisées apprises à l'école, ce que l'on appelait entre nous le *Wasserpolnisch* (« polonais d'eau »).

Me voilà embarqué avec un officier et deux autres soldats avec un drapeau blanc en direction de la forteresse pour négocier une reddition. Une fois à l'intérieur, nous avons exposé nos vues à des soldats polonais. Ils nous ont rapidement répondu qu'une telle solution n'était pas envisageable, qu'ils ne pouvaient pas décider seuls, qu'ils avaient eux aussi des supérieurs. Notre officier a décidé de clore la conversation et de quitter les lieux. Sur le chemin du retour, au moment où nous étions sur le point de franchir les barrages pour rejoindre nos lignes, une pluie de balles s'est déversée sur nous. J'ai été touché, par-derrière. Une première balle m'a transpercé la poitrine au niveau des poumons, deux centimètres à peine à côté du cœur. Un deuxième projectile est venu se loger dans mon bras. Des hommes sont venus me récupérer, on m'a bandé, mis un cathéter parce que je perdais beaucoup de sang. Je me souviens encore de la mousse qui sortait de ma bouche avant de perdre connaissance.

Transfusion. Convoi médical. J'ai d'abord été évacué dans un hôpital de Lódź, au centre de la Pologne. Nouvelles transfusions, encore des pansements. On m'a transporté ensuite avec d'autres blessés dans le compartiment d'un train spécial, flambant neuf et entièrement médicalisé, direction l'Allemagne. Je vois encore les gens debout sur les quais, nous acclamer à chaque arrêt dans les stations des gares. Le trajet a pris fin près de Weimar, à Bad Berka, où l'on nous a conduits dans un hôpital civil. Nous n'étions pas très nombreux. Chirurgiens, médecins et tout le personnel se sont donné beaucoup de mal pour nous. En tant que premiers blessés de guerre, nous avions droit à une attention toute particulière. Une fois remis sur pied, on m'a prescrit du repos, six longues semaines dans un centre de cure à la montagne, à Bayrischzell, à l'extrême sud en Bavière. Avant que je parte prendre l'air, Gerda est venue me rendre visite. C'est à ce moment-là que nous avons commencé à nous tutoyer. Là aussi où j'ai eu droit à mon premier baiser.

Le séjour en altitude m'a fait du bien. J'étais pris en charge du matin au soir dans les meilleures conditions.

En face du centre, de l'autre côté de la vallée, on pouvait apercevoir un baraquement gardé par des soldats. À l'intérieur de celui-ci se trouvaient des détenus. Certains d'entre eux étaient acheminés dans l'établissement dans lequel j'étais pour faire le ménage et divers travaux d'entretien. Un jour, un de ces prisonniers est venu nettoyer le radiateur de ma chambre. Nous avons engagé une brève conversation. Je lui ai demandé ce qu'il faisait là, comment il avait atterri ici. L'homme m'a expliqué qu'il était prisonnier d'un camp de concentration (*KZ* ou *Konzentrationslager*) à Dachau, près de Munich[6]. C'était la première fois que j'en entendais parler. Il a précisé qu'il avait été envoyé ici dans une sorte d'annexe pour divers travaux dans la région. Il était *Bibelforscher*, Témoin de Jéhovah[7]. Il fallait qu'il se renie, couche par écrit qu'il n'appartenait plus à cette secte.

De retour à Berlin, à Lichterfelde, on m'a intégré dans une compagnie spéciale pour soldats convalescents. On n'y faisait rien à part tourner en rond dans

---

6. Un des premiers camps de concentration ouverts dès mars 1933 par les nazis. Au début de l'année 1940, le IIIe Reich en possédait six : Dachau, Sachsenhausen, Buchenwald, Mauthausen, Flossenbürg et Ravensbrück, rappelle Gordon J. Horwitz in *Mauthausen, ville d'Autriche* (Paris, Seuil, 1992, p. 24). Les camps étaient placés sous l'autorité des SS, la section de sécurité dirigée par Heinrich Himmler. Dachau faisait partie de la catégorie I, celle où l'on devait envoyer les détenus susceptibles de réhabilitation.

7. Dans les années 1930, le nom allemand donné aux Témoins de Jéhovah est *Ernste Bibelforscher* (*Zeugen Jehovas* aujourd'hui). Les Témoins de Jéhovah ont été persécutés et déportés dans les camps nazis, dès le début de la prise de pouvoir des nazis.

les bâtiments militaires. Un jour, à la mi-avril, j'ai croisé mon chef de compagnie, le capitaine *(Haupsturmführer SS)* Wilhelm Mohnke. Lui aussi avait été blessé, très certainement quelque part sur le front nord, au Danemark ou en Norvège, la campagne de Pologne étant terminée depuis plusieurs mois [8].

Il m'a demandé si j'allais être affecté quelque part après ces vacances à la caserne. J'ai soulevé les épaules en guise de réponse, ne sachant vraiment pas quoi lui dire. Mohnke était au courant de la disparition de mes parents. Il se doutait que je n'avais pas forcément un endroit où aller. Il m'a alors proposé de prendre encore quelques jours de repos supplémentaires à la campagne, dans une ferme du Nord, pas très loin du Danemark. La maison était située à Holstein, sur l'embouchure de l'Elbe, et appartenait au frère de Theodor « Teddy » Wisch, le chef de notre bataillon. Mohnke m'a assuré qu'il ne verrait aucun inconvénient à ma venue, une occasion aussi pour moi de donner un coup de main si besoin était. Il a même ajouté que j'avais la possibilité de rester plus longtemps si j'en exprimais l'envie, signe que l'atmosphère générale était encore bonne et que la poursuite du conflit s'annonçait sous de bons auspices.

Je suis resté dans cette ferme un peu plus de deux semaines. À ma grande surprise, je me suis retrouvé nez à nez avec la guerre. J'ai vu des bombardiers britan-

---

8. Le commandement militaire de Varsovie a capitulé le 27 septembre 1939.

niques voler au-dessus de nos têtes, des chasseurs piquer, faire du rase-mottes et tirer sur des habitations situées aux alentours. Deux maisons ont brûlé durant mon séjour. La nuit, il n'était pas rare de voir, de l'autre côté de l'Elbe, la ville de Cuxhaven en proie aux flammes. Plusieurs fois durant mon séjour, les avions ennemis ont bombardé cet important centre portuaire pour la marine allemande. Autour de notre ferme, des tranchées avaient été creusées pour se protéger des raids ennemis.

Ce séjour m'a marqué. Après des expéditions à l'étranger sans un coup de feu ou presque, des campagnes militaires où j'avais du mal à vraiment sentir ce qui se passait, me voilà d'un seul coup plongé dans les hostilités, qui plus est sur le sol allemand.

La chancellerie* du Führer

De retour à Berlin, j'ai intégré à nouveau la compagnie de réserve. Mohnke était toujours là, lui aussi. Après dix à quinze jours, il m'a fait appeler. Le commandant du bataillon, Teddy Wisch, venait de recevoir un coup de fil de la chancellerie du Reich, de la part d'un certain Wilhelm Brückner, principal aide de camp du Führer [1]. Ils avaient besoin de quelqu'un. Une place était à pourvoir au sein du Begleitkommando, le commando d'escorte d'Hitler. Brückner n'avait pas donné plus de détail excepté que la demande était urgente et qu'ils avaient besoin d'un jeune homme correct, sur lequel on pouvait compter. Teddy Wisch en a parlé à Mohnke, qui a tout de suite pensé à moi. Il lui a rappelé que j'avais été grièvement blessé au front, que j'étais orphelin et dernier fils d'une famille, ce qui signifiait, d'après un règlement alors en vigueur dans la Wehrmacht, que je devais rester dans des unités de réserve, loin des

---

* Voir plan de la chancellerie, p. 254. *(N.d.É.)*
1. Chef des aides de camp personnels du Führer.

combats. Cette disposition a été un argument supplémentaire en ma faveur pour ce poste. Les deux hommes ont ensuite évoqué mon séjour à la campagne chez le frère du commandant en soulignant que tout s'était parfaitement bien passé, que j'avais aidé comme il fallait... Bref, Teddy Wisch a joint la chancellerie par téléphone pour leur dire qu'il avait trouvé leur homme, un soldat qui ne poserait pas de problème.

À peine quelques minutes plus tard, Mohnke m'embarquait, me conduisait devant l'entrée de la chancellerie du Führer. Nous sommes au numéro 77 de la Wilhelmstrasse, en plein centre de Berlin, au cœur du quartier des ministères et des ambassades. Le Reichstag est à une centaine de mètres, juste derrière la porte de Brandebourg. La date précise m'échappe, mais ce devait être aux alentours du 2 ou 3 mai 1940. En revanche, je me souviens parfaitement de mes premières impressions, de ces premières images lorsque je me suis retrouvé devant cette petite table d'accueil, face à un garde à qui mon chef a rapidement expliqué l'objet de notre visite avant de me saluer et partir.

Wilhelm Brückner m'a été présenté sans perdre de temps. En quelques mots, il m'a expliqué que je commençais tout de suite, que j'allais être coursier, obligé en permanence de faire des allers et retours dans les couloirs et qu'il serait préférable que j'aille chercher immédiatement mes affaires à la caserne afin de m'installer dès mon retour.

Une heure et demie plus tard, j'étais à nouveau planté là, dans ce grand hall, une valise à la main cette fois. Un garde m'a demandé de le suivre, montré ma chambre située sur le flanc droit du bâtiment, au premier étage de cette partie qu'il appelait l'aile des aides de camp *(Adjutantenflügel)*. Il m'a simplement dit que c'était là que j'allais dorénavant habiter, avant de me laisser seul.

J'étais perdu. Que fallait-il faire ? Comment devais-je me comporter, me tenir, saluer ? Comment expliquer ce brusque changement d'affectation, cette intrusion brutale dans la chancellerie du Reich, ce monument chargé d'histoire allemande et maintenant lieu de résidence d'Hitler [2], celui-là même que j'avais vu quelques années plus tôt aux Jeux olympiques entouré de cette foule en délire ?

Je suis sorti de la pièce. Après quelques mètres, j'ai croisé deux gardes, plutôt âgés, la quarantaine bien entamée. Ils m'ont montré le chemin à travers les couloirs, les pièces, expliqué devant les marches de l'escalier central du grand salon Hindenburg que le Führer habitait ici, en haut de la rampe, au premier. Ils m'ont également prévenu que j'allais forcément le croiser et que, dans ce cas, je devais me mettre « un peu sur le côté », être attentif au cas où il engagerait la conversation.

J'ai pris peur. En me couchant, je ne pensais qu'à lui, comment faire pour l'éviter, surtout ne pas le rencontrer.

---

2. Hitler s'est définitivement installé, à partir de 1934, dans ce que l'on appelait l'ancienne chancellerie. Avant lui, Otto, prince von Bismarck, et Friedrich Ebert avaient occupé cet édifice construit par l'architecte C. F. Richter en 1739. Les derniers vestiges de la chancellerie du Reich ont été démolis en 1949.

Qu'est-ce que j'aurais bien pu répondre au Führer, moi un jeune gars de rien du tout issu de sa campagne face à cet homme que le peuple entier semblait vénérer ? Le lendemain et les jours suivants, j'ai cherché en vain à me calmer en me familiarisant avec les lieux, en prenant langue avec mes nouveaux collègues. Un des premiers à s'être présentés à moi fut Arthur « Willy » Kannenberg. Un homme de petite taille, plutôt râblé, avec un humour et un sens de la repartie féroces. Il était le majordome *(Hausintendant)* d'Hitler, un personnage important de la maison. C'était lui le responsable des cuisines, des boissons et de tout ce qui allait avec. Il avait son personnel, ses ordonnances. C'est chez lui, dans sa *Bauernstübschen*, une sorte de taverne minuscule située dans une pièce attenante à sa cuisine, que l'on pouvait venir s'asseoir sur une banquette, grignoter un bout, boire un thé, une bière, quelle que soit l'heure du jour ou de la nuit.

Le chef du Begleitkommando s'appelait Bruno Gesche. Un vieux compagnon de route d'Hitler, un combattant des premières heures. Il portait l'insigne doré du parti nazi sur son uniforme, une distinction qui indiquait, comme je l'ai appris par la suite, que son numéro d'adhérent au NSDAP ne dépassait pas le chiffre des 100 000[3]. Gesche était un homme d'un contact facile, au ton plutôt aimable, en tout cas ce

---

3. En 1939, un nouvel adhérent au NSDAP recevait une carte du parti avec un numéro dont le chiffre dépassait les sept millions.

n'était pas un dur. Son visage avait quelque chose de marquant, un menton saillant, fort, avec un rien de strabisme dans le regard. En quelques mots, il m'a expliqué en quoi consistait mon travail, comment j'allais dans un premier temps courir dans un sens comme dans l'autre, prendre telle ou telle note, dépêche ou lettre et la porter à tel ou tel aide de camp du Führer. Je devais aussi m'attendre à déposer un courrier ou une revue de presse directement dans le bureau d'Hitler, à un de ses valets de chambre ou au chef de la chancellerie du Reich, Hans Heinrich Lammers, au chef de la chancellerie présidentielle, Otto Meissner, un homme qui avait côtoyé en son temps le grand maréchal Paul von Hindenburg ou encore un certain Walther Hewel, bras droit et officier de liaison du ministre des Affaires étrangères Ribbentrop. La liste des noms s'allongeait, les lieux se croisaient, finissaient par se cogner, s'entremêler. Toutes les courses étaient possibles. La guerre intensifiait les communications, multipliait les informations et les sources avec une fréquence de plus en plus soutenue. Pour connaître mes emploi du temps et affectation des prochaines quarante-huit heures, il me suffisait de jeter un coup d'œil dans un cahier posé à l'accueil et paraphé tous les matins entre huit et neuf heures par lui-même ou par son adjoint, le lieutenant *(Obersturmführer)* Franz Schädle.

Au total, nous n'étions qu'une vingtaine dans le commando, pas plus. Très vite, je constatai que les tâches quotidiennes de cette équipe étaient de différents types. Il y avait les coursiers, comme moi à ce moment-là, ceux qui travaillaient au standard téléphonique, ceux aussi qui tenaient l'accueil ou montaient la garde à un ou deux endroits de la chancellerie, d'autres enfin désignés pour accompagner le Führer lors de ses déplacements, une tâche que je n'accomplirais qu'un peu plus tard. Tous ces postes étaient interchangeables, suivant le rythme des trois-huit, soit un service de quatorze à vingt-deux heures, de vingt-deux à six heures ou de six à quatorze heures. Des horaires plus ou moins respectés pendant les premières années de la guerre, mais qui, au fil des revers militaires de plus en plus nombreux, allaient être complètement chamboulés.

Première rencontre avec Hitler

Dans l'immédiat, j'étais donc cantonné au courrier, un bon moyen pour moi d'apprendre à repérer et à situer les occupants des lieux. Point de départ, l'accueil, celui-là même où je m'étais retrouvé le premier jour. C'est là, dans cette petite pièce, située à gauche au fond de la cour, que les visiteurs entraient et sortaient de la chancellerie, là aussi où l'on venait déposer les sacs postaux, les colis, les messages urgents ou encore les journaux. Tout passait par cet endroit, de jour comme de nuit. Nous étions trois, tous debout derrière une petite table. À moi les courses dans les couloirs, aux deux autres la réception des visiteurs, la prise en charge de leurs manteaux dans le vestiaire et le coup de téléphone pour prévenir de leur arrivée. Je n'ai que très rarement vu une de ces personnes engager la conversation avec l'un d'entre nous. J'avais l'impression de ressentir chez elles comme une gêne, un malaise dus certainement à la symbolique du lieu, à notre présence aussi qui pouvait vouloir dire qu'Hitler n'était pas bien loin, qu'il aurait eu vite fait d'apprendre par nos soins une parole ou un comportement déplacés. Elles semblaient voir en nous des proches du Führer, une sorte de garde intime et rapprochée du plus haut personnage de l'État. Une vision trompeuse me concernant, mais qui venait alors alimenter un état de fébrilité qui décidément ne me quittait pas.

La fouille des visiteurs, lorsqu'elle avait lieu, était effectuée dans une pièce adjacente par une petite équipe de deux ou trois hommes du *Reichssicherheitsdienst* (RSD), jamais par notre commando [1]. « Le Führer ne permettrait pas qu'un homme de sa propre garde se comporte ainsi avec un de ses hôtes », m'a-t-on précisé d'emblée.

Mes premières courses avaient pratiquement toujours les quatre mêmes destinataires : les deux aides de camp personnels du Führer, Wilhelm Brückner et Albert Bormann, le frère de l'influent Martin Bormann, membre à l'époque de l'état-major personnel d'Hitler, l'ambassadeur Walther Hewel et Heinz Lorenz, bras droit du chef de presse Otto Dietrich. Ils avaient tous leur chambre située l'une à côté de l'autre, au premier étage de l'aile des aides de camp. Au bout de leur couloir, à quelques mètres à peine, se trouvaient les appartements du Führer, celui-là même que je voulais à tout prix éviter.

---

1. RSD : Service de sécurité du Reich, dirigé par le lieutenant Johann Rattenhuber depuis 1935. Il s'agit d'une unité de la police possédant également un Begleitkommando, un commando d'escorte, spécialement créé pour le Führer et qui venait généralement s'ajouter au Begleitkommando Adolf Hitler de Rochus Misch.

Erich Kraut, un jeune du commando avec lequel je faisais mon service, a visiblement dû sentir très rapidement mon angoisse. Il m'a gentiment conseillé un jour d'emprunter un léger détour afin de limiter le risque de croiser Hitler. Plutôt que de passer par la grande salle centrale, je devais ressortir par la cour, utiliser l'entrée de service qui se trouvait juste en face et prendre le deuxième escalier pour monter à l'étage. Une indication que je me suis évidemment empressé de suivre.

Je ne posais que très peu de questions. Je n'osais pas. Je croisais les uns, les autres. J'apprenais à me repérer, à comprendre les codes, les habitudes. J'ai mis du temps. Je me sentais gauche, complètement raide, beaucoup trop rigide dans mon comportement encore très marqué par ces deux années et demie de service dans la Leibstandarte. Ici, on ne parlait pas comme dans la caserne, il n'y avait pas de « Oui, chef ! » ou de bras tendu à chaque fois que l'on croisait un officiel ou un gradé. J'avais plutôt l'impression d'être dans une administration, une institution publique. Les relations avec ceux que j'ai fini par appeler « camarades »[2] étaient non pas détendues mais relativement simples, bien plus civilisées comparées au régime strict d'où je venais.

---

2. Misch utilise le mot *Kamerad* et non pas *Genosse*, ce dernier s'appliquant en allemand au « camarade » du parti communiste ou socialiste.

Il y avait les «jeunes» et les «vieux», séparés par une ligne invisible mais perceptible par le premier venu. Les «vieux» étaient encore largement majoritaires dans le Begleitkommando en ce printemps 1940. Il s'agissait d'hommes généralement au-dessus de la quarantaine et qui avaient grandi dans le parti national-socialiste. C'était des proches d'Hitler, présents à ses côtés avant même son accession au pouvoir en 1933. Ils portaient pratiquement tous le grade de commandant *(Sturm-bannführer)*, mais, d'un point de vue militaire, ils étaient nuls, zéro. Ce cercle très restreint avait été formé par le NSDAP, uniquement. Parmi eux, il y avait l'exception : Max Amann, un des plus vieux, cinquante ans bien passés. Il était un des rares à avoir connu la guerre, la Grande, celle de 1914-1918 en tant qu'adjudant. Il avait combattu sur le champ de bataille, avec Hitler à ses côtés. Dès notre première rencontre, il s'est enorgueilli d'avoir uriné contre un arbre avec le Führer. Il en riait encore. C'était d'ailleurs le seul d'entre tous qui tutoyait le Führer. Les autres, sans exception, vou-voyaient «le chef», y compris ceux du putsch de 1923.

Après une semaine, aux environs du 8 ou du 9 mai, j'ai été convoqué dans le bureau de Wilhelm Brückner. Pour la première fois, j'ai eu droit à un questionnaire : d'où je venais, mon grade de sergent-chef *(Scharführer)*, obtenu en Pologne, ma croix de fer deuxième classe en tant que blessé de guerre, où et comment j'avais été touché par l'ennemi, comment cela se passait avec mes camarades. La discussion était plutôt bonne, le ton décontracté, un peu sur un mode paternaliste. En voyant mes bottes militaires sur le tapis, Brückner s'est écrié : « Le chef n'aime pas ça ! » Pour lui, je devais au plus vite me trouver des chaussures correctes et pour cela me présenter chez Wernicke, aux services généraux *(Hausvervaltung)* de la chancellerie du Führer. Il poursuit la conversation en s'avançant doucement vers la porte : « Vos camarades vous diront où cela se trouve. » Je lui emboîte le pas, passe légèrement devant lui. D'une main, je tourne la poignée et tire la porte vers moi pour l'inviter à sortir. Il s'arrête net. Nous voilà face à Hitler, là, debout devant nous, comme s'il avait écouté toute la conversation.

Il m'observe un court instant. S'avance. Porte une lettre à la main. Je suis à un mètre de distance. Je le regarde sans le voir. J'ai froid. Je suis glacé. C'est l'effroi. J'ai chaud. L'envie de disparaître, de m'évanouir sur place. Brückner prend la parole, annonce d'une manière très claire que l'on avait besoin de renfort, que j'étais nouveau. Hitler, lui, donne l'impression de ne pas écouter, paraît déjà tout savoir, avoir déjà tout entendu. D'une voix étonnamment calme, simple, loin de celle de ses discours, de celle avec laquelle il harangue les foules, il s'adresse à son aide de camp :

« Et d'où vient ce jeune homme ? »

C'est à moi. Je me lance en essayant en vain de garder un semblant d'assurance, de maintenir un ton précis, droit :

« Je viens de haute Silésie. Près d'Oppeln.

– Avons-nous des individus de Silésie parmi nous ? poursuivit Hitler, toujours en regardant son aide de camp.

– Je ne pense pas, répondit Brückner.

– Alors je crois qu'il peut faire tout de suite quelque chose pour moi, dit-il en me posant sa lettre dans la main. Apportez-la à ma sœur Paula à Vienne. »

Hitler se retourne et disparaît de la pièce. Voilà, c'est fini. J'étais planté là, un peu sonné, mais aussi comme soulagé, allégé d'un poids dont je n'avais pas réussi à me défaire depuis mon arrivée. Cet échange de quelques mots m'avait rapproché des autres, des camarades. Le fameux Führer que je venais de voir n'était ni un monstre ni un surhomme. Hitler n'était plus Hitler. Il paraissait normal. Ma peur, elle, n'avait pas complètement disparu, mais elle s'était atténuée, adoucie. Je regardais la porte. Elle était ouverte. C'est la voix de Brückner qui est venue soudainement me cueillir : « Vos camarades s'occuperont du reste. »

J'ai fini par descendre. Dans les cuisines, on m'a préparé un paquet de nourriture pour la nuit. J'ai dû attendre un petit moment avant que l'on me donne un deuxième paquet bien plus gros que le précédent et destiné à la sœur d'Hitler. Il devait s'agir très certainement d'une sucrerie ou d'un gâteau préparé par Willy Kannenberg, le maître des cérémonies. J'ai été accompagné sans plus attendre à la gare et suis parti peu après vingt heures avec le train de nuit pour la capitale autrichienne. J'avais une couchette réservée à mon nom.

Je ne me souviens plus de l'adresse de la sœur d'Hitler, pas plus du quartier dans lequel elle habitait. Toutefois, j'ai encore l'image de ce bouton de sonnette à l'entrée du bâtiment qui ne portait pas de nom, tout comme la porte d'entrée de son appartement situé au quatrième étage sur laquelle il n'y avait aucune indication. Elle attendait ma venue, quelqu'un avait appelé pour le lui dire. J'ai donné le paquet et la lettre. Elle m'a offert une tasse de thé et des petits gâteaux en retour. Elle m'a demandé comment allait son frère, la chancellerie, Berlin. Je n'avais pas grand-chose à lui répondre, la conversation me manquait. J'ai bredouillé quelques mots pour expliquer que j'étais nouveau, que je venais à peine d'être recruté dans ce commando d'escorte. Je suis resté un peu plus d'une demi-heure avant de prendre congé.

Une fois dehors, je me suis dirigé vers l'hôtel Imperial où trois chambres étaient en permanence réservées pour nous, comme on me l'avait précisé avant de partir. Devant cette somptueuse bâtisse, j'ai décidé de faire demi-tour. Je n'ai pas osé. Ce n'était pas pour moi. En marchant, j'ai pensé à Brückner. Il m'avait dit juste avant mon départ que je pouvais au retour, si je le souhaitais, faire un petit détour pour prendre quelques jours de repos chez moi, à la campagne.

Deux heures plus tard, j'étais dans le train pour Breslau. Arrivé à Oppeln, je suis monté dans une sorte de petite micheline pour me retrouver chez ma grand-mère, qui vivait seule à la ferme depuis le décès de mon grand-père en 1936. Je suis resté avec elle trois jours pleins.

Avec et sans le Führer

De retour à Berlin, j'ai vite compris qu'Hitler avait quitté la ville. La chancellerie paraissait vide, étrangement calme. Le Führer se trouvait sur le front ouest pour mener l'offensive contre la France [1]. Son absence allait durer pratiquement deux mois. Il avait été rejoint par plusieurs personnes de son entourage, dont Wilhelm Brückner et Walther Hewel.

J'ai pris le temps. Aux services généraux, on m'a donné un ticket d'achat pour une nouvelle tenue. J'ai d'abord récupéré une paire de bottes toutes neuves dans un magasin de la Friedrichstrasse. Ensuite, un peu plus loin, dans la Tauentzienstrasse, cette rue qui prolonge le Kurfürstendamm, un tailleur qui s'occupait également des vêtements personnels d'Hitler m'a préparé un uniforme sur mesure. J'ai eu droit au modèle

---

1. Hitler a quitté Berlin le soir du 9 mai dans son train spécial pour son nouveau QG de l'Eifel, près de Münstereifel, et baptisé Felsennest (« Nid de roches »). C'est de là qu'il déclencha sa guerre éclair *(Blitzkrieg)* contre la Hollande, la Belgique et la France.

classique, la même tenue vert-de-gris qu'à la caserne, mais avec cette fois-ci une qualité de tissu bien supérieure. Un premier pantalon a été coupé droit, tout en longueur, un deuxième avait cette coupe large au niveau des cuisses, ces deux demi-cercles bien reconnaissables entre la taille et le genou que l'on appelait une *Pritschehose*. La veste, elle, possédait comme pour la Leibstandarte cette fine bande d'étoffe cousue sur l'avant-bras gauche et sur laquelle on pouvait lire le nom du Führer.

À la chancellerie, j'ai croisé tout un tas de personnes, des camarades du commando, pris aussi le temps de parler, un peu. D'abord avec August Körber, un des « vieux », un de ceux qui portaient cet insigne doré du parti nazi au veston. L'homme avait une trentaine d'années. Au fil du temps, nous sommes devenus tous les deux assez proches. Il était pour ainsi dire le responsable de l'accueil, de cette entrée principale où l'on se retrouvait la plupart du temps. Körber était un homme très fortuné, un millionnaire, disait-on ! Il était à la tête d'une entreprise qui livrait avec ses énormes camions, à travers tout le pays, les tonnes de gravier nécessaires pour la construction des autoroutes. Comme je l'ai moi-même observé par la suite, il faisait partie de ces rares personnes issues de l'entourage du Führer à lui faire entendre assez ouvertement leur opinion. Tout comme d'autres anciens membres du Begleitkommando Adolf Hitler, Körber était entré en 1933 dans la Stabswache, cette garde très personnelle d'Hitler dirigée par Josef Dietrich [2]. Un fidèle, un très proche d'Hitler, que je ne verrai pourtant que rarement à la chancellerie, excepté durant les derniers mois du régime où ses interventions auprès du Führer seront plus fréquentes. Parmi les « vieux », Max Amann avait rejoint Hitler en France au cours du mois de juin. À son retour, j'ai appris qu'il avait accompagné le Führer lors de son bref passage à Paris [3]. Une règle non écrite voulait que les gardes du corps désignés pour accompagner « le chef » lors des rencontres officielles ou visites importantes soient choisis pratiquement toujours en fonction de leur ancienneté. Ce sont les compagnons de route des premières heures qui assisteront aux côtés d'Hitler aux entrevues avec Mussolini. C'est avec une poignée d'entre eux qu'il se rendra à la signature de l'armistice avec la France dans la forêt de Compiègne [4]. Un mode de désignation qui, je dois l'admettre, était plutôt de nature à me satisfaire. Être écarté de ce genre d'événement, du moins pour le moment, constituait pour moi une source d'apaisement.

---

2. Créée en mars 1933 par Hitler, la Stabswache, véritable commando d'une centaine de gardes du corps, devient la même année Leibstandarte-SS Adolf Hitler dont Josef Dietrich, dit Sepp, est le chef. Membre du NSDAP dès 1923, ce dernier obtiendra le grade de général *(Obergruppenführer)* de la Waffen-SS en 1941.
3. Le 28 juin 1940, Hitler, accompagné notamment de Max Amann et Ernst Schmidt, deux camarades de la Première Guerre mondiale, se rend pour la seule et unique fois dans la capitale française occupée. Voir Ian Kershaw et son monumental *Hitler* (tome 2, 1936-1945 : « Némésis »), Paris, Flammarion, 2000, p. 453 et 454.
4. Le 22 juin 1940.

Je pourrais encore citer Otto Hansen, Adolf « Adi » Dirr, Helmut Beermann, Schlotmann et Rüß, dont j'ai oublié les prénoms. Ensemble, ils formaient ce que l'on pourrait appeler le noyau originel *(Stamm)* du Begleit-kommando. Ceux-là étaient tous présents autour d'Hitler avant son accession au pouvoir. Tous entretenaient des relations très cordiales avec moi.

Karl Weichelt était une autre figure importante du commando. Il se situait à mi-chemin entre les « jeunes » et les « vieux ». C'était un des rares à avoir reçu une véritable formation militaire. Il faisait montre d'une grande élégance, d'une très grande finesse dans son comportement et sa façon de parler. Weichelt trouvait toujours le temps pour me venir en aide, me donner des conseils sur mon travail, sur la manière dont je devais me comporter en public ou en plus petit comité en présence du Führer. Il m'a été d'une grande aide pour la suite.

Pendant cette période relativement calme précédant le retour du Führer, j'ai été formé au maniement du standard téléphonique. L'installation était ultramo-derne pour l'époque, une machine conçue en 1939. Son fonctionnement reposait non pas sur un système de fiches, mais sur des touches, des cadrans en forme de quart de lune et un code couleurs très rapidement identifiable. Une unique ampoule rouge était réservée à Hitler, les autres étaient blanches, vertes et jaunes. Le numéro de téléphone de la chancellerie, en réalité celui des appartements privés du Führer, était le 120050. Un

numéro qui n'a jamais varié, et ce jusqu'à la fin du
IIIe Reich. Un tel standard était en mesure d'obtenir
une connexion quelle que soit sa localisation sans passer
par les machines de la Poste. Nous étions totalement
indépendants. Moi-même, je possédais un numéro
direct pour être joint à tout moment, le 120050 auquel
il fallait ajouter 157. Une ligne avait été installée dans
ma chambre, et un peu plus tard directement dans
l'appartement que je partageais avec ma femme, par le
technicien de la Poste, Hermann Gretz.

C'est là, au standard, que j'ai croisé pour la première
fois Otto Günsche. Nous avions le même âge mais
pas le même parcours. Originaire de la ville de Iéna,
Günsche était entré très tôt dans les Jeunesses hitlériennes
et la Leibstandarte Adolf Hitler, dès les premières
années de leur existence. Il avait obtenu très jeune le
grade de sous-lieutenant *(Untersturmführer)*. À la chancellerie, tout au long des mois qui ont suivi mon arrivée,
nous nous sommes croisés régulièrement, dans les couloirs ou à l'accueil. Il répétait souvent, comme certains
« anciens », qu'il voulait lui aussi partir à la guerre, faire
ses preuves, devenir un vrai soldat, l'arme à la main. Si
ma mémoire est bonne, Günsche a rejoint brièvement
le front avant d'être nommé en 1943 aide de camp personnel du Führer.

Pendant toute cette période, pas un seul membre du
commando ne m'a demandé quelle était mon éven-
tuelle implication dans le NSDAP, le parti nazi. Jamais
on n'a cherché à connaître mon degré d'engagement

politique. Je pense que la simple présence dans la Leibstandarte et *a fortiori* dans le Begleitkommando octroyait une sorte de vernis idéologique, d'adhésion tacite à la cause. D'une manière plus générale, les questions d'ordre politique n'étaient pas sujettes à discussion. On n'en parlait pas. Je n'ai pas souvenir d'avoir entendu des propos concernant le régime. À aucun moment, il n'y a eu un débat sur un choix ou une prise de décision des dirigeants. Entre nous, les échanges tournaient autour de la famille, du parcours militaire, des distinctions, des récits de combats ou encore de l'histoire, du passé récent avec son lot de victoires et de réussites économiques. En tant que blessé de guerre, j'avais quelques histoires à raconter. Cela me donnait, me semble-t-il, un certain statut, une position plutôt favorable en ces premiers mois de conflit.

Hitler est rentré à Berlin au cœur de l'été, auréolé de sa toute récente campagne victorieuse contre la France. L'activité reprit. Sa seule présence entraînait une augmentation de la charge de travail.

Chaque jour, je découvrais un peu plus comment s'organisait la vie autour de la personne du Führer. De quelle manière aussi son quotidien était rythmé par des rendez-vous fixes et ses activités réparties selon un ordre précis. Un système parfaitement huilé. D'ailleurs, jusque dans les tout derniers mois du régime national-socialiste et hormis les périodes de bombardements alliés, les journées et les nuits à la chancellerie allaient se dérouler selon un rituel quasi immuable.

Les premières visites pour le Führer commençaient en fin de matinée. Pas avant. Hitler dormant peu, mais se couchant tard, il ne démarrait sa journée qu'aux environs de onze heures, voire onze heures trente. Une fois passé l'accueil, l'un d'entre nous accompagnait le visiteur ou le petit groupe de personnes dans ce grand salon Hindenburg qui se trouvait juste derrière. Il n'était pas rare de voir alors le Führer surgir pour saluer personnellement ses hôtes dans ce vaste hall. Peu après midi, une fois ces rencontres matinales terminées, il s'enfermait dans un bureau avec ses aides de camp et collaborateurs militaires pour faire un point de la situation. La réunion durait jusqu'à quatorze heures, souvent plus.

Le déjeuner était servi dans la salle à manger du rez-de-chaussée. Pour y accéder, il fallait traverser le hall dans sa largeur, passer par un nouveau salon, relativement petit et donnant sur le jardin d'hiver, avant d'arriver dans une chambre que l'on appelait le « fumoir », bien que personne n'y ait jamais fumé en présence d'Hitler. C'est là que se retrouvaient les convives, ceux qui allaient partager le repas du Führer dans la pièce située juste à côté. Là que l'on discutait de tout et de rien avant de se mettre à table. En dehors des réceptions officielles et déjeuners solennels qui avaient lieu dans la grande salle à manger de l'autre côté du jardin d'hiver, le nombre d'invités ne dépassait que très rarement une petite dizaine d'individus. Notre commando avait la charge de passer le matin même les coups de téléphone pour les prévenir ou directement les inviter. En règle générale, l'ordonnance du Führer passait nous voir au standard et nous donnait une liste de personnes à contacter. Toutefois, il m'est très vite apparu que l'on nous demandait de plus en plus fréquemment de trouver nous-mêmes des hôtes à la dernière minute. Dans ce cas de figure, j'ai appris à repérer des noms, trouver des lieux comme l'hôtel Excelsior où logeaient parfois certains membres du parti lorsqu'ils étaient de passage dans la capitale. Il m'est aussi souvent arrivé de passer un coup de fil à la direction du parti pour mettre la main sur des dirigeants ou des gauleiters disponibles [5].

Une règle nous était imposée : Hitler ne souhaitait pas voir à sa table deux personnes exerçant la même profession. Un jour, d'après ce que l'on nous a rapporté, il n'avait pas supporté de voir deux chirurgiens ou deux architectes se disputer devant lui en plein milieu du repas. Il en avait conclu que leur comportement n'était dû qu'à sa présence, qu'ils ne cherchaient qu'à attirer son attention comme deux coqs dans une basse-cour. Il ne voulait plus que cela se reproduise. À nous d'y veiller.

En plus d'une ou deux secrétaires, d'un aide de camp, le tour de table se composait habituellement

---

5. Les gauleiters étaient en charge de l'administration civile d'une région. Dans les premiers mois de la guerre, ils ont obtenu des pouvoirs étendus en devenant également commissaires à la Défense du Reich.

d'un médecin, d'un architecte ou d'un artiste, auxquels venait s'ajouter un secrétaire d'État ou un responsable du parti. Lorsque nous avions une personne au bout du fil pour lui annoncer qu'elle était invitée à déjeuner à la chancellerie aux côtés d'Hitler, elle acceptait l'offre sans barguigner, parfois après un bref instant de réelle surprise. Seules quelques très rares personnalités, telles que Joseph Goebbels, n'hésitaient pas à décliner l'offre. Il arrivait souvent au ministre de la Propagande de refuser un déjeuner ou un dîner en prétextant un empêchement de dernière minute ou une surcharge de travail.

Je n'ai pas assisté à de nombreux repas en présence du Führer dans la chancellerie berlinoise. J'étais derrière la porte ou, le plus souvent, à l'accueil ou au standard. Je peux seulement dire qu'à ce moment-là, durant cette période où les victoires allemandes étaient encore nombreuses, Hitler parlait beaucoup, prenait souvent la parole pour se lancer dans de longs monologues. Je dois avouer n'avoir pas fait à cette époque très attention à toutes ces discussions. Timidité, retenue toute militaire, peur de mal faire ? Certainement toutes ces raisons à la fois. C'est de la bouche des « anciens » que j'ai appris, un peu plus tard, que le Führer prenait plaisir à converser sur des sujets artistiques, scientifiques ou encore historiques. En revanche, ils m'ont précisé qu'il n'abordait jamais à table les questions d'ordre politique ou militaire.

Après le déjeuner, Hitler enchaînait les réunions, le plus souvent en tête à tête. Il pouvait passer parfois de très longs moments à s'entretenir avec un membre de l'état-major, un ambassadeur, un ministre ou un financier [6]. Ces visites se tenaient généralement pendant l'heure du thé. Hitler avait pour habitude de convier son interlocuteur à une promenade dans le jardin d'hiver, un espace que le Führer semblait affectionner tout particulièrement. C'est là qu'il venait pour ses interminables et très fréquents entretiens avec Hermann Göring, commandant en chef de la Luftwaffe et ministre de l'Air, Rudolf Hess, son bras droit pour tout ce qui regardait le NSDAP, et Joseph Goebbels. Il ne s'asseyait que très rarement. Il n'avait pas de bout de papier avec lui, ni de document, je ne l'ai d'ailleurs jamais vu prendre une note ou rédiger quelque chose de sa main lors d'une de ses rencontres.

Un d'entre nous n'était jamais bien loin. Parfois, un valet de chambre se trouvait lui aussi à proximité. En revanche, lorsqu'Hitler discutait avec un général ou un haut gradé, l'aide de camp du corps d'armée correspondant était presque systématiquement présent aux côtés du Führer. D'ailleurs vers la fin, au moment où la situation devenait de plus en plus difficile, Hitler multipliait ce genre de promenade intérieure accompagné uniquement de ses aides de camp de la Wehrmacht comme Friedrich Hossbach, Rudolf Schmundt ou encore, dans les toutes dernières semaines, Wilhelm Burgdorf.

---

6. Pour une description détaillée, voir : Nikolaus von Below, *Als Hitler Adjutant 1937-1945*, Mainz, Hase & Koelhen, 1980, p. 28-34.

En fin d'après-midi, une fois ces réunions terminées, Hitler avait pour habitude de monter dans ses appartements privés. L'occasion pour lui de se reposer ou de lire un peu. En cas de beau temps, il pouvait également choisir de faire un tour, tout seul, dans les jardins de la chancellerie avant le dîner. Là aussi, nous n'étions jamais bien loin, toujours à distance et à portée de vue et de voix. En plus de notre présence, une petite unité de police du RSD était en faction jour et nuit dans ce grand espace boisé.

On atteignait les chambres du Führer en empruntant, depuis le salon Hindenburg, un escalier recouvert d'un long tapis de velours rouge. Arrivé à l'étage, les appartements privés se trouvaient à droite. D'abord, la bibliothèque. Je ne parviens pas à me souvenir des livres qui reposaient sur toutes ces étagères à l'exception d'une imposante collection de douze volumes des grands dictionnaires Maiers. Il se disait qu'Hitler avait une passion pour ce type de lecture. Le salon venait tout de suite derrière avec sa grande table posée en plein milieu et qui occupait une bonne partie de l'espace. Dessus, on trouvait en permanence tout un fatras de journaux, des magazines posés en vrac et des croquis, des plans d'architecture qu'Hitler dessinait lui-même ou que lui procurait Albert Speer [7]. De là, on accédait directement à la salle de bains et la chambre à coucher,

---

7. Membre depuis 1931 du NSDAP et architecte favori d'Hitler à qui le Führer confia en 1937 la reconstruction de Berlin. Il devint ministre de l'Armement en février 1942.

une pièce relativement petite, de cinq mètres sur six environ. Le lit n'était pas très grand non plus. Sa structure était en laiton. Juste au-dessus, légèrement sur la droite, un tableau de la mère d'Hitler avait été accroché au mur. Lorsqu'il se couchait, il avait cette toile derrière lui, juste au-dessus de sa tête. Au pied du lit, une petite table ronde avec deux fauteuils, tout ce qu'il y a de plus classique. À gauche, une armoire murale pour les vêtements. De cette pièce, on avait directement accès, sans passer par le couloir, à une chambre réservée pour une certaine Eva Braun, la jeune compagne d'Hitler dont je ne découvrirais l'existence qu'un peu plus tard, quelques jours à peine après le retour du Führer du front ouest. Au bout de cette suite privée du Führer, on débouchait sur deux autres petites chambres. L'une était pour le valet de chambre, l'autre servait au Führer pour certaines de ses rencontres privées comme avec sa sœur lorsqu'elle venait lui rendre visite à Berlin. Cet espace était surnommé *Treppenzimmer* (la « pièce à escalier »), parce qu'il fallait emprunter trois marches pour y accéder. L'aménagement était succinct, il se limitait à une table et quatre fauteuils.

Dehors, le couloir donnait sur l'aile droite du bâtiment, celle où l'on m'avait mis une chambre à disposition. On y trouvait aussi une pièce de travail pour les secrétaires du Führer et, trois marches plus bas, les chambres des aides de camp, de Walther Hewel et Otto Dietrich qui cédait fréquemment sa place à son officier de presse Heinz Lorenz. Autre proche du Führer, le patron de la Leibstandarte Sepp Dietrich possédait lui aussi une chambre à l'étage, même si ses apparitions à la chancellerie étaient extrêmement rares. Tout à fait de l'autre côté du vestibule, juste avant d'arriver dans l'appartement privé d'Hitler, se trouvait une petite salle à manger très peu fréquentée. De là, on avait la possibilité de gagner la salle dite du congrès prévue pour les grandes occasions, les réunions militaires importantes. C'était l'autre aile de la chancellerie, celle de la Wehrmacht, placée juste en face de celle où les aides de camp et moi-même habitions. L'aile aussi où se trouvait l'entrée principale où nous travaillions en permanence.

Le soir, lorsqu'il n'y avait pas d'invités de marque ou de réception officielle, le dîner commençait peu après vingt heures. Le nombre des invités était sensiblement le même qu'au déjeuner. Là aussi, nous avions la charge de trouver des personnes pour accompagner la table du Führer. Au cours du repas, un des serviteurs apportait une liste de nouveaux films qu'il était possible de projeter une fois le souper terminé.

La séance de cinéma avait lieu dans ce que nous appelions le salon de musique, une grande pièce qui se trouvait à côté du fumoir et par laquelle on accédait en empruntant le petit salon du rez-de-chaussée. Hitler, comme j'allais le découvrir à plusieurs reprises dans les mois suivant mon arrivée, aimait le cinéma américain. Je n'ai pas la mémoire des titres projetés à la chancellerie excepté un seul, *Autant en emporte le vent*, le premier

film en couleurs qu'il nous ait été donné de voir[8].
J'étais en poste dans la pièce le jour de sa présentation.
Après la dernière image, le Führer s'est montré réjoui,
donnant l'impression d'avoir particulièrement apprécié le spectacle. Il fit appeler immédiatement Joseph
Goebbels à ses côtés pour lui dire qu'il fallait coûte que
coûte que les techniciens allemands soient en mesure
de réaliser pareilles choses. Après discussion, ils se sont
à nouveau assis, chacun à sa place, avant de visionner
le film une deuxième fois.

Un soir, en 1940 ou 1941, d'après mes vagues souvenirs, Hitler a assisté à la projection d'un film de
Charlie Chaplin. Je suis incapable de me rappeler l'histoire ni les réactions dans la salle. Je sais seulement que
l'on voyait Chaplin à l'écran, c'est tout. Je ne peux vraiment rien en dire de plus.

La personne chargée de trouver et de se procurer les
bobines s'appelait Erick Stein. La plupart d'entre elles
provenaient du ministère de la Propagande de Goebbels,
situé juste en face de la chancellerie, de l'autre côté de
la Voßstraße. Parfois, Stein devait se rendre dans une
sorte d'entrepôt, un dépôt de films près du Hackescher
Markt, dans le vieux Berlin, le Scheunenviertel[9].

---

8. D'après l'aide de camp Nikolaus von Below, Goebbels se
chargeait d'ajouter à la liste des films étrangers (*op. cit.*, p. 33).
9. Quartier des Granges, au nord-ouest de l'Alexanderplatz, autrefois dédale de ruelles pauvres habitées en grande majorité par une
population juive originaire d'Europe centrale. Le quartier connut de
sombres heures sous le régime nazi.

Après le film, Hitler s'installait dans le fumoir, devant la cheminée. Il était accompagné de ses invités, de quelques membres de son état-major et d'un de ses médecins. On y buvait du thé, mais aussi parfois du champagne ou d'autres alcools. Le Führer, lui, était un habitué du thé, refusant tout alcool. En public en tout cas. Un des serviteurs m'a un jour confié, au cours de l'année 1941, qu'Hitler pouvait avaler un petit verre de fernet-branca avant certains discours [10]. Le serviteur en question m'a raconté qu'il versait dans un verre une minibouteille de 2 centilitres de cet alcool en se plaçant un peu à l'écart, soit dans une cuisine ou directement dans la chambre où se trouvait « le chef ». Cette boisson possédait, selon lui, des vertus apaisantes sur Hitler. J'ai appris également à la même époque, par un « vieux » cette fois-ci et toujours dans le même registre, que le Führer, qui ne fumait ni cigarette ni cigare, appréciait dans sa jeunesse une liqueur très particulière du sud de l'Allemagne appelée *Krotzbeere*.

Hitler avait l'habitude de se coucher très tard. Les discussions nocturnes au fumoir ne se terminaient généralement pas avant deux ou trois heures du matin. Parfois même beaucoup plus tard dans les toutes dernières années, lorsque le Führer menait une vie de plus en plus irrégulière [11].

---

10. Alcool d'origine italienne, sorte de schnaps amer.
11. Christa Schroeder, secrétaire d'Hitler, raconte dans un témoignage recueilli en 1947 par un capitaine américain qu'elle devait parfois écouter le Führer jusqu'à huit heures du matin en 1944 : *12 ans auprès d'Hitler*, Paris, Page après Page, 2004, p. 48.

J'étais le seul membre du commando à avoir une chambre dans la chancellerie du Führer. J'étais seul, encore célibataire, et surtout je suis arrivé à une période où il n'y avait plus de place dans ce que l'on appelle la nouvelle chancellerie, celle construite par Albert Speer avant 1939 et où logeaient la plupart des autres membres du commando, du côté de la Hermann-Göring-Strasse [12]. Cette partie du bâtiment abritait essentiellement les familles de presque tous les gardes, qu'ils soient du Begleitkommando ou du RSD.

---

12. La chancellerie qui abritait les appartements d'Hitler et la chambre de Misch était aussi appelée « ancienne chancellerie » par opposition à la « nouvelle », plus grande et bâtie en 1938 par Speer.

Les proches

Jour après jour, j'ai appris à reconnaître les visages, les noms, les petites histoires aussi qu'on racontait parfois à propos des uns et des autres. C'était comme un cercle, un périmètre de proches que l'on voyait tous les jours ou presque. Une famille qui vivait ensemble, semaine après semaine, avec nous autres qui gravitions toujours un peu autour, dans le paysage, jamais bien loin.

Les aides de camp. Ils étaient mes premiers interlocuteurs appartenant à ce groupe restreint entourant le Führer. Ils formaient la cheville ouvrière, le pivot de l'activité quotidienne d'Hitler, une équipe d'individualités l'accompagnant partout, toujours sur le qui-vive et tout entière organisée autour de lui seul. Je leur transmettais les dépêches, des notes, récupérais le courrier. En retour, les aides de camp débarquaient à l'accueil, au standard, appelaient sur les lignes internes pour une réunion, un déplacement, un rendez-vous à organiser. Nous étions un chaînon de leur organisation.

Le chef des officiers d'ordonnance personnels s'appelait Wilhelm Brückner, celui-là même qui m'avait reçu le premier jour [1]. L'homme était important, un historique faisant partie de la garde très rapprochée du Führer. Son autorité dans le travail semblait appréciée et reconnue. Sa forte carrure, sa taille bien plus élevée que la mienne étaient de nature à impressionner ses interlocuteurs, même s'il savait se montrer très serviable.

Brückner a brusquement quitté la chancellerie au cours de l'automne 1940, soit très peu de temps après mon arrivée. Un désaccord avec Hitler semble avoir été à l'origine de cette rupture. Le Führer ne l'aurait pas soutenu dans un différend qui l'opposait à l'intendant Kannenberg. C'est en tout cas une version qui circulait dans notre petit cercle du commando [2]. Il faut dire qu'à l'époque je ne posais pas trop de questions. J'ai seulement su très vite que Brückner avait rejoint le front dans une unité de la Wehrmacht.

Julius Schaub était l'homme à tout faire du Führer. C'est lui qui a remplacé, du moins dans le titre, Brückner au poste de chef des aides de camp. Schaub était un citoyen lambda, une sorte de militant de base sans relief, un personnage moyen. D'un point de vue mili-

---

1. Chef des aides de camp personnels du Führer, ceux du parti. À ne pas confondre avec les aides de camp militaires d'Hitler.
2. Below, *op. cit.*, p. 248. Une dispute entre Hitler et Brückner aurait éclaté en octobre 1940 au sujet d'un jeune officier d'ordonnance que le Führer venait de renvoyer suite à des plaintes de Kannenberg.

taire, il n'était rien, à l'instar de beaucoup d'autres issus du parti, faut-il le rappeler. L'ascension de Schaub n'a été due qu'à la très longue amitié qu'il partageait avec le Führer. C'est avec lui et Rudolf Hess qu'Hitler partagea une cellule à la prison de Landsberg, après le coup d'État manqué de 1923 [3]. C'est lui qui s'occupait des papiers confidentiels du « chef ». Schaub était le fidèle parmi les fidèles, incontestablement un des plus proches du Führer, un de ceux qui resteront jusqu'à la fin. C'est lui qui fut chargé par Hitler, peu avant son suicide, de détruire les papiers et documents de son coffre-fort.

Schaub ne racontait pas grand-chose. Il ne parlait jamais avec nous des événements en cours, ni des tensions qui pouvaient exister autour du Führer. Avec lui, on ne parlait de rien de bien particulier. On effectuait son service, rien d'autre. Une fois, en 1941, Schaub m'a envoyé chercher une grosse somme d'argent à la poste centrale. Au guichet, on m'a dirigé dans une petite pièce dérobée de l'établissement pour me remettre une valise remplie de billets. Elle contenait 100 000 reichsmarks. Une somme considérable pour l'époque, que j'ai dû transporter seul à travers les rues de Berlin jusqu'à la chancellerie [4].

Albert Bormann m'appréciait beaucoup. Assez rapidement, j'étais devenu en quelque sorte son protégé.

---

3. Le putsch « de la brasserie » de Munich, les 8 et 9 novembre.
4. Julius Schaub était entre autres chargé de porter l'argent destiné à l'usage du Führer. Voir Kershaw, *op. cit.*, p. 82.

Toutes les personnes de la chancellerie avaient quelqu'un sous la main pour s'occuper de leurs affaires courantes, se charger des courses plus ou moins privées. J'étais cet homme pour Albert Bormann. « Vous ne pouvez pas être en permanence le garde du corps d'Hitler, vous devez aussi rester avec moi », m'a-t-il glissé un jour. Lorsqu'il souhaitait envoyer une lettre ou un paquet à sa mère, il faisait appel à moi.

Aide de camp, Albert Bormann avait aussi en charge la chancellerie privée du Führer. C'est lui qui gérait par exemple ce que l'on appelait le *Schatzkeller* (la « cave au trésor »), cette salle située dans les catacombes de la nouvelle chancellerie et où l'on entreposait les cadeaux reçus par Hitler. Un jour, il a pris les clés et m'a ouvert la porte de ce lieu étonnant. C'était en mars 1943, nous venions à peine d'emménager avec ma femme dans un nouvel appartement berlinois. Il y avait des tableaux partout, posés par terre, les uns contre les autres, quelques sculptures, des vases. Albert Bormann m'a dit que je pouvais choisir et emprunter parmi les tableaux ce qui me ferait plaisir pour décorer notre nouvelle demeure. J'ai fini par choisir deux toiles. L'une, plutôt petite, sans grande valeur, représentait un lac et portait une signature au nom d'Arnold, un artiste suédois. L'autre était grande, une peinture de presque deux mètres de large, l'œuvre d'un peintre allemand du début du siècle, « très connu », m'a précisé Albert Bormann, mais dont je n'arrive absolument pas, malgré tous mes efforts, à retrouver le nom. On y voyait trois chevaux cabrés dans un ciel d'orage [5]. Un tableau d'une assez grande valeur mais qui a disparu en avril 1945, très certainement dérobé par des pillards durant le chaos des dernières heures du régime.

Albert Bormann était donc aussi le frère cadet de Martin Bormann, celui qui allait devenir le secrétaire particulier d'Hitler en 1943. Les deux Bormann ne s'adressaient pas la parole. Tout le monde le savait. En revanche, je crois que la cause réelle de leur différend était peu connue. Nous n'en parlions pas entre nous, les questions de cet ordre ne se posaient pas, pas directement en tout cas. Ce n'est que plus tard, au détour d'une conversation avec un camarade, que j'ai cru comprendre que la rupture entre les deux frères était imputable à Martin Bormann. Il n'aurait pas supporté le deuxième mariage de son petit frère, au point de cesser toute relation avec lui, même jusque dans les dernières heures du régime.

Les secrétaires étaient omniprésentes. Placées elles aussi en première ligne autour du Führer, elles se relayaient en permanence. Nous les croisions tout le temps. Toutefois, nos relations n'en étaient pas moins formelles. Notre travail ne nous amenait que très rarement à collaborer avec elles. Leur attitude était des plus

---

5. Le nom du peintre en question reste une énigme. Misch croit toutefois savoir que l'auteur du tableau n'est ni Franz Marc (1880-1916), fasciné par le thème de l'animal, ni le sculpteur Arno Breker (1900-1991), un des artistes officiels du régime nazi et adepte des représentations grandiloquentes.

aimables à notre égard, même si je dois avouer pour ma part n'avoir eu de relation particulière avec aucune d'entre elles. On prenait le café ensemble, parlait de choses et d'autres, discutait de façon très courtoise, mais sans plus. Je ne les ai jamais tutoyées. Gesche, notre chef, semblait plus ouvert. Dans le commando, il paraissait être la personne qui entretenait les meilleurs rapports avec elles.

Johanna Wolf était la plus ancienne, celle aussi qui avait adhéré au NSDAP très tôt, bien avant la prise de pouvoir d'Hitler. Elle avait déjà plus d'une dizaine d'années de service auprès du Führer au moment où je l'ai croisée pour la première fois. Calme, au ton parfois maternel, elle avait un peu ce rôle de secrétaire d'honneur au sein de l'équipe[6]. Je ne lui parlais pas beaucoup. Hitler faisait le plus souvent appel à Gerda « Dara » Daranowski et Christa Schroeder. Cette dernière était elle aussi, comme je l'apprendrais plus tard, entrée au parti depuis plusieurs années déjà. Christa Schroeder était une femme extrêmement sérieuse, dans le travail et le comportement.

Dara était la secrétaire préférée d'Hitler. Native de Berlin, toute jeune trentenaire, elle avait son franc-parler. Avec cet accent si reconnaissable, elle était en mesure de créer une ambiance quel que soit l'endroit

---

6. Entrée en 1929 dans la chancellerie privée d'Hitler auprès de Rudolf Hess, Johanna Wolf ne quittera le Führer que seize ans plus tard, le 22 avril 1945, lors de la fuite hors de Berlin d'une grande partie des derniers proches.

où elle se trouvait. Dara quittera ses fonctions en 1943 après son mariage avec Eckhard Christian, le bras droit du général Alfred Jodl, avant de se raviser et revenir à son poste six mois plus tard. Hitler a-t-il été triste ou surpris de son départ ? Je ne peux le dire. Je peux simplement affirmer que le Führer ne l'a pas retenue. Celui ou celle d'entre nous qui voulait quitter la chancellerie pouvait le faire, comme on le verra à deux ou trois reprises par la suite.

Traudl Humps est venue remplacer Dara peu après son départ. Elle restera dans l'équipe même après le retour de celle-ci. Je me rappelle très bien du jour où Albert Bormann est venu présenter cette toute jeune recrue âgée d'à peine vingt ans, encore toute timide et qui louchait fortement. Un strabisme qu'elle a eu tôt fait de corriger par une opération des yeux dans une clinique à Berchtesgaden. Très vite aussi, elle a décidé d'épouser un bon camarade à moi, Hans Junge, un des valets de chambre d'Hitler.

Tout comme avec les secrétaires, le Führer devait toujours avoir un de ses domestiques à portée de main, quel que soit le moment. Outre Hans Junge, Hitler s'était attaché les services d'Otto Meier, membre du Begleitkommando, Heinz Linge, un personnage arrogant, peu sympathique et ambitieux, désirant à tout prix devenir chef de notre commando, Wilhelm Arndt, un ancien lui aussi de la Leibstandarte et August – ou Hermann, je ne sais plus – Bussmann, arrivé un peu plus tard et avec lequel je me sentais assez proche.

Karl Krause était un camarade à part. Ancien du Begleitkommando, il accompagnait Hitler en tant que valet de chambre depuis de longues années avant que celui-ci ne le renvoie une première fois, comme on me l'a raconté, au cours de la campagne polonaise. Tous deux se trouvaient sur la ligne de front, en territoire ennemi. Krause aurait alors puisé sans aucune précaution de l'eau d'un puits pour remplir le verre du Führer. Il aurait agi précipitamment, sans vérifier au préalable si le liquide avait été contaminé ou même empoisonné. Hitler, lui, comprit très rapidement que l'eau en question n'était pas de sa marque habituelle, Fachinger. Krause fut envoyé dans une unité de la marine allemande. Blessé, le Führer le rappela à lui au cours de l'année 1943. C'est à cette époque que je l'ai régulièrement croisé. Peu de temps après son retour, il fut renvoyé définitivement au front pour avoir tiré avec son pistolet sur les lampes du réfectoire d'un des quartiers généraux d'Hitler. Il n'était pas saoul. Krause voulait simplement montrer qu'il était capable de viser correctement.

Le Führer était suivi par différents médecins. Je ne pourrais pas dire s'il était atteint d'une quelconque maladie, s'il prenait des médicaments ou avalait des préparations particulières. L'état de santé d'Hitler était un sujet dont on ne parlait absolument pas. On savait qu'il souffrait de maux d'estomac, mais pas davantage. Le Führer ne laissait rien paraître. La seule chose que j'ai pu observer était la présence des docteurs et la fréquence de leurs visites.

Ils étaient au nombre de quatre. Le plus ancien, celui qui était considéré comme l'ami d'Hitler, s'appelait Karl Brandt[7]. C'est lui qui depuis des années était le responsable de l'état de santé du Führer. Brandt fit venir à ses côtés, au début des années 1930, un autre chirurgien, Hans-Karl von Hasselbach, qui devint par la suite, comme j'ai pu l'observer moi-même plus tard, un proche d'Eva Braun. Werner Haase était lui aussi en poste bien avant que je n'arrive à la chancellerie. D'après ce que j'ai compris, ce chirurgien, membre du parti national-socialiste et de la SS, à l'instar de ses deux confrères, était chargé d'accompagner le Führer au cours de ses déplacements en cas d'attaque ou d'attentat. Le professeur Theodor « Theo » Morell fut présenté à Hitler par son photographe attitré, Heinrich Hoffmann, avant la guerre[8]. La seule et unique anecdote racontée par les « anciens » au sujet d'Hitler et de son état physique soulignait comment ce docteur Morell avait réussi à calmer les douleurs abdominales du Führer dès sa première intervention[9]. Hitler lui en saura gré, allant jusqu'à lui

---

7. Condamné en 1948 à la pendaison pour avoir notamment pratiqué des essais d'euthanasie sur des prisonniers de camps de concentration.
8. En 1936. Hoffmann employait aussi en 1929 une certaine Eva Braun qu'Hitler rencontra dans son magasin de photographie de Munich.
9. Sur l'état de santé d'Hitler, de nombreux textes ont été publiés. Voir notamment Kershaw, *op. cit.* p. 88-89 ; Schroeder, *op. cit.*, p. 61-70 ; Henrik Eberle et Matthias Uhl, *Das Buch Hitler*, Lübbe, Bergisch Gladbach, 2005, p. 187 et 373.

accorder sa confiance dans le bunker, en 1945. Morell devint son médecin personnel et prit une place prépondérante au sein de l'équipe médicale, au grand dam de Brandt et Hasselbach [10].

Dans l'entourage d'Hitler, parmi ces gens que je voyais tous les jours ou presque, il faut encore compter une poignée de proches qui venaient régulièrement lui rendre visite. En plus des sœurs du Führer, il arrivait que l'un d'entre nous fasse monter Gerhardine Troost (Gerdy), la veuve de l'ami d'Hitler, l'architecte Paul Ludwig Troost, ou encore, plus rarement, certains membres de la famille Wagner.

---

10. Tous deux démis de leurs fonctions par Hitler, le 9 novembre 1944, à la suite d'un nouveau désaccord au sujet des médications de Morell.

Le Berghof

Tout allait vite. Le retour d'Hitler du front avait déclenché tout un tas de visites, de rencontres, qui ne me laissaient que peu de répit. Je ne rentrais que deux à trois fois par semaine à la maison. On se voyait peu avec Gerda. Après quelques jours à peine, Hitler décida de partir pour le Berghof, son chalet alpin [1]. J'ai été désigné.

On m'a simplement dit qu'il fallait « du monde », qu'il « manquait un coursier » et que j'allais rester là-bas « au moins quelques jours ». J'ai préparé mon sac avant d'embarquer avec quatre ou cinq camarades dans un véhicule militaire qui nous attendait au petit matin. La marque était Mercedes, un engin à trois essieux. Hitler est monté dans une première voiture du même type avec son valet de chambre, un aide de camp personnel suivi d'un aide de camp de la Wehrmacht, très certainement celui représentant la Luftwaffe, Nikolaus

---

1. Le 10 juillet 1940.

von Below. Une troisième voiture était occupée, elle, par des agents du RSD.

Le cortège s'est mis en route en direction du sud. Hitler devant, nous légèrement derrière, un peu sur la droite, les autres encore plus loin derrière, du côté gauche. Il n'y avait pas de moto, pas de sirènes. Rien. Nous roulions relativement vite en direction du nord de la ville. Je n'ai pas vu de badauds acclamer le Führer lors de notre passage. Une seule fois, une poignée de passants, ayant visiblement reconnu le chancelier à un feu rouge, a poussé des hurlements et des cris pour acclamer le Führer. Hitler n'est pas sorti de la voiture.

Le trajet n'a pas été long. Arrivés à destination, nous sommes tous descendus des voitures sur la piste de l'aérodrome de Gatow. L'endroit, qui aujourd'hui n'existe plus, était uniquement utilisé par les membres du gouvernement. C'était là, m'a-t-on expliqué, que le Führer choisissait de s'envoler la plupart du temps, préférant ce lieu reculé et à l'abri des regards au gigantesque aéroport Tempelhof. J'ai pu le vérifier par la suite.

Un avion attendait Hitler, un trimoteur de marque Junker, le JU 52. « Le modèle habituel pour les courtes distances comme pour aller au Berghof », m'a expliqué un camarade. Trois ou quatre heures de vol étaient prévues pour ce trajet. Un temps de parcours raisonnable, selon lui. Ce n'est que plus tard, lorsque le Führer s'envolera pour des destinations plus lointaines, comme le front est, que je découvris le Condor, cette énorme machine volante à grande vitesse.

Un deuxième JU 52 était prévu pour nous et l'équipe du RSD. Je me suis installé sur un siège, j'ai posé mon sac et bouclé ma ceinture. J'étais dans l'avion d'escorte du Führer. Je me sentais tout chose. L'atterrissage a eu lieu vers la mi-journée. Nous avons débarqué dans un petit aéroport de la ville d'Ainring, située dans la vallée de Salzbourg. La frontière autrichienne était à quelques mètres, Berchtesgaden à une vingtaine de kilomètres à peine. Un véhicule est arrivé et nous a conduits à travers un lacis de routes, direction le Berghof sur la montagne Obersalzberg. Je ne saurais dire si Hitler était déjà sur place [2].

Le chalet d'Hitler m'apparut très vite comme un hôtel confortable. Tout paraissait calme, le panorama était grandiose et le travail semblait sinon inexistant du moins peu soutenu. Le coursier que je devais remplacer était parti pour Berlin le jour de mon arrivée. J'ai déposé ma valise dans une chambre située dans l'aile réservée au personnel. J'ai aussi croisé le téléphoniste permanent des lieux, un soldat de la SS.

Je crois me souvenir que c'est Otto Hansen qui m'a mis au parfum. Parti lui aussi le matin même de Berlin, Hansen faisait partie des « vieux », un de ceux qui comme Adi Dirr, Rüß et Helmut Beermann étaient dans le sillage d'Hitler bien avant 1933. C'est lui qui le premier m'a parlé d'Eva Braun, de son rôle particulier

---

2. Hitler s'est posé avec son avion le 10 juillet 1940 à Munich pour une brève entrevue avec le Premier ministre hongrois, le comte Teleki. Il n'arriva au Berghof que le soir. Voir Below, *op. cit.*, p. 239.

au Berghof. « Ici, c'est elle la chef, m'a-t-il prévenu. Eva tient la maison. Elle s'occupe de tout, du personnel, du quotidien. La gouvernante, sache-le, c'est elle. » Et dans le cas où j'allais être amené à lui adresser la parole, je devais, d'après lui, commencer ma phrase par « *Gnädiges Fräulein* », « Chère mademoiselle ». Il ne m'a absolument rien dit quant à la relation qu'elle entretenait avec le Führer, ni fait une allusion, ni même un clin d'œil ou un vague sourire.

Je n'ai pas parlé à Eva Braun. Pas durant ce premier et court séjour au Berghof. Je l'ai croisée, rien de plus. Au premier abord, Eva Braun était une belle jeune femme. Elle dégageait une impression de gaieté, même si celle-ci semblait le plus souvent contenue. Toujours d'après mes premières observations, Eva Braun semblait disparaître lorsque le Führer recevait de manière officielle. Elle apparaissait certes à ses côtés lorsque celui-ci recevait en petit comité, mais je ne l'ai pas vue au cours des réunions avec les hauts gradés de la Wehrmacht ou certains membres du gouvernement.

Je ne suis resté qu'une petite semaine. Le travail consistait essentiellement à s'occuper de l'accueil ou d'attendre, les bras croisés, quelque part en faction, toujours à bonne distance du Führer. À cinq, cela nous laissait pas mal de temps pour nous reposer et flâner comme si nous étions en vacances.

Au Berghof, tout paraissait simple, les rapports plus souples, courtois et plus familiers. Le matin sur la terrasse ou plus tard, après le déjeuner, les invités marchaient les mains dans les poches. Il y avait les plus proches, des personnes avec leurs enfants, certains venaient avec leur chien. Les réunions avec les aides de camp et les chefs militaires avaient lieu à des heures plus ou moins fixes, mais la routine était plus relâchée qu'à Berlin. Avant l'heure du thé, on pouvait voir Hitler emprunter les chemins pour ses balades. Tout cela se déroulait devant nos yeux alors que nous n'avions pas grand-chose à faire. Hitler habitait dans le bâtiment principal, au premier étage. Je n'y suis jamais monté. Il n'y avait aucune raison pour que j'aille là-haut. En bas, dans le grand salon du rez-de-chaussée, le Führer recevait et accueillait ses hôtes. Le soir après le dîner, c'est là que l'on projetait un film pour son entourage.

Plus haut, au-delà du Berghof, une route encore plus sinueuse menait au D Haus, la « maison des diplomates », comme on l'appelait entre nous. Pour y accéder, il fallait prendre la voiture avant de monter dans un funiculaire d'un rocher abrupt, haut d'une cinquantaine de mètres et qui surplombait tout Berchtesgaden. Je ne sais plus si j'y ai mis les pieds dès ce premier séjour à Berchtesgaden, mais, d'une manière générale, je ne pense pas qu'Hitler y soit allé fréquemment. Ce lieu vertigineux semblait surtout être une occasion pour Hitler de faire partager une vue imprenable à ses hôtes de marque. Après 1945, cette construction fut appelée Teehaus, la « maison du thé », une déformation due très certainement aux troupes américaines stationnées dans la région.

Je suis rentré seul à Berlin. J'avais ma valise et un sac postal pour le courrier destiné à la chancellerie. Hitler est arrivé peu de temps après. Il a dû repartir une fois ou deux. Jusqu'au début août, il a partagé son temps entre le Berghof et la capitale. La période paraissait intense, les rencontres officielles se multipliaient[3]. Je m'adaptais. Au mois d'août, après quatre mois passés sans encombre – une période que l'on pourrait qualifier « d'essai » –, j'ai eu droit à un papier officiel avec mon nom et ma photo. Il s'agissait du *Gelber Ausweis*, la « carte d'identité jaune », une sorte de sésame sur lequel on pouvait lire que j'étais membre de la garde personnelle d'Hitler. Inscrit en dessous, un petit texte précisait de manière solennelle que le Führer demandait à tous les agents publics, militaires et policiers de fournir toute l'aide nécessaire au détenteur de ladite pièce d'identité. Avec elle, je pouvais franchir tous les contrôles et barrages sur le territoire. Un papier extrêmement utile. Plus tard, ma femme Gerda obtint un document de couleur grise. Il lui permettait de venir me rendre visite à la chancellerie et d'accéder par là même aux appartements privés du Führer.

Mon salaire était élevé. En tant que soldat, il atteignait 287 reichsmarks par mois, soit un montant équivalant au grade d'adjudant *(Oberscharführer)*. À cela

---

3. Après la victoire sur la France, Hitler entreprit une série de consultations. Il lui fallait définir de nouvelles stratégies militaires concernant la Grande-Bretagne, l'Union soviétique et les Balkans.

venaient s'ajouter 50 reichsmarks de prime en tant qu'employé du Führer et encore autant pour le travail effectué aux côtés du chancelier. Ces versements étaient pris en charge par les services d'Hans Heinrich Lammers, chef de la chancellerie du Reich, et aussi par le ministère de l'Intérieur. Nous étions pour ainsi dire à moitié civils et à moitié militaires.

En plus du logis, des communications et de la nourriture fournis par les services généraux, il nous était également offert la possibilité de voyager gratuitement à travers toute l'Allemagne. Enfin, pour être complet, il faut encore ajouter une police d'assurance souscrite par les services du Führer qui prévoyait pour chacun des membres du commando une somme de 100 000 reichsmarks en cas d'accident.

Nous portions un pistolet, un petit Walther PP tout simple, calibre 7,65 mm. Il ne nous quittait jamais, même dans les appartements du Führer. C'est d'ailleurs avec un pistolet de ce type qu'Hitler s'est suicidé dans son bunker. Le Walther faisait partie de notre panoplie de soldat. Nous n'avions rien d'autre en particulier.

C'est le RSD, les fonctionnaires de police, qui pouvaient vraiment faire face en cas de problème. Ils avaient des armes, autre chose qu'un petit Walther. Ce sont eux qui contrôlaient les gens quand c'était nécessaire. En revanche, ils ne fouillaient pas les hauts responsables de l'armée ou du parti comme les Goebbels, Himmler et autres. Ces dignitaires du régime étaient la plupart du temps accompagnés de leur *Halter*, les

« porte-flingues ». Nous, on s'y habituait. On finissait par connaître leurs visages.

Un jour, Hermann Göring a traversé directement la grande salle de la chancellerie en venant vers moi. Il m'a donné ses affaires pour que je les pose dans le vestiaire à l'entrée. Il y avait une sacoche, si je ne m'abuse, et une veste. En la portant, j'ai senti comme un lourd objet, une pièce métallique assez volumineuse enfouie dans la poche. En posant le tout sur la table placée devant la penderie, j'ai vu légèrement dépasser une crosse de pistolet. La poche contenait un gros revolver à barillet, un de ceux que l'on voit dans les westerns ! Cela correspondait bien au style de Göring. Je crois qu'il était venu ce jour-là avec sa femme, l'actrice de théâtre Emmy Sonnemann.

Une autre fois, je me suis retrouvé assis sur cette table du vestiaire aux côtés du général Erwin Rommel. Son rendez-vous avec le Führer avait pris du retard. Et comme ce jour-là, aucun aide de camp ne paraissait disponible, j'ai été amené à m'entretenir avec lui pour le faire patienter. On a discuté de choses et d'autres avant qu'il ne me montre toute une pile de photos d'Afrique qu'il voulait offrir au Führer.

« Mein Führer »

J e n'ai pas connu d'accroc au cours des brefs échanges que j'ai pu avoir à la chancellerie. Les relations y étaient d'une manière générale correctes et très cordiales. Les différences de statut, de grade et de fonction semblaient s'estomper une fois franchie la porte d'entrée de la Wilhelmstrasse. En tout cas, en ce qui concerne les premiers instants, me semble-t-il.

Notre seul chef était Hitler. Tous les autres n'étaient que des personnes placées sous son autorité. Les Mohnke, Gesche, Brückner dépendaient tous de lui et nous avec. Chacun se sentait subordonné à lui, sans exception aucune.

On s'adressait à lui en commençant par *« Mein Führer »*. Une fois qu'il avait fini ce qu'il avait à nous dire, on répondait généralement par *« Jawohl ! »*, « Oui, bien sûr ! », *« Mein Führer »*. Seuls les plus anciens, les camarades des premières heures, utilisaient « chef » et parfois aussi, dans une moindre mesure, *« Herr Hitler »*. En revanche, aucun d'entre nous ne faisait dans l'enceinte de la chancellerie le salut nazi lorsque l'on rencontrait le Führer. On tendait le bras uniquement lorsque l'on se trouvait dehors, devant sa voiture par exemple au moment où Hitler s'apprêtait à en sortir.

Je ne suis jamais allé le voir directement pour lui parler d'un problème me concernant. J'ai fait mon travail le plus correctement possible. Oui, j'étais content d'être là et d'occuper un tel poste.

Je n'ai jamais vu rire le Führer. Il pouvait se montrer satisfait, réjoui à la suite d'une annonce ou d'un événement, mais il n'a jamais, à ma connaissance, exprimé en public un signe d'enthousiasme non contenu ou d'une réelle franche gaieté.

Il lui est arrivé de faire des compliments. Après une cérémonie à Berlin, il aurait dit aux gardes qui se trouvaient à proximité que l'équipe qui l'entourait « faisait cela très bien », qu'il était « content d'eux ». Le vieux Adi Dirr m'a confié un jour que le Führer connaissait le nom de tous ceux qui travaillaient autour de lui ainsi que le mien, à mon grand étonnement. Il avait raison. Au cours d'un déplacement, Hitler m'a effectivement apostrophé une fois par mon nom. Je n'en revenais pas.

Travailler à l'accueil était une source inépuisable de renseignements. Avec le temps, on apprenait à repérer les comportements des hôtes plus ou moins réguliers, les habitudes aussi de ceux qui vivaient dans la chancellerie. En triant le courrier d'une façon quasi quotidienne, j'ai très vite, par exemple, porté mon attention sur un colis pas plus grand qu'une boîte à chaussures, provenant d'un petit village de Westphalie et adressé à Adolf Hitler en personne. Chaque semaine, le même jour, un courrier rigoureusement identique arrivait à la chancellerie. La première fois que j'ai mis la main dessus, un camarade m'a simplement prévenu de le porter immédiatement aux cuisines, « chez Kannenberg ». J'ai été intrigué, mais n'ai pas posé de question. Cela ne se faisait pas. Pas à ma connaissance en tout cas. Ce manège a duré un ou deux mois avant que je n'apprenne finalement au détour d'une conversation que le paquet en question contenait une boule de pain fermier. Celle-ci était préparée à la main par une femme vivant à la campagne qu'Hitler avait rencontrée lors d'un de ses voyages. Il avait goûté ses produits, et visiblement ne pouvait plus s'en passer. Chose incroyable, le pain est arrivé sans interruption jusque dans les tout derniers jours du IIIe Reich.

Un matin d'automne 1940, j'ai été chargé de porter directement dans les appartements du Führer un lot de dépêches arrivées durant la nuit. Nous avions pour consigne de déposer ce genre de courrier sur un petit tabouret prévu à cet effet et qui se trouvait dans la pièce de travail d'Hitler. Toutefois, il nous arrivait fréquemment de mettre ces paquets de feuilles directement dans la chambre d'Eva Braun. Un moyen plus rapide pour le Führer d'accéder à son courrier puisque sa chambre à coucher communiquait directement avec celle-ci. Il était encore relativement tôt. Je suis entré sans frapper.

Le choc. Eva Braun était encore au lit, pratiquement nue avec une simple nuisette sur les épaules. Je me suis dit que tout était fini. Qu'on allait me virer, me mettre dehors. Pas un seul de mes camarades ne m'avait prévenu, personne pour me dire qu'elle était à Berlin et non au Berghof, dans les montagnes où elle passait une très grande partie de son temps. J'ai retenu mon souffle. Pris peur aussi. Eva Braun s'est alors redressée sur le lit. D'un geste de la main, elle m'a fait comprendre que ce n'était rien, que je ne devais pas m'inquiéter. J'ai tourné la tête et me suis cogné à la porte avant de sortir de cette chambre à toute vitesse. Il n'y a pas eu de suite. Eva Braun ne m'en a jamais parlé. Il n'y a pas eu de remarque, ni même une vague allusion. Personne n'a été au courant. Je crois.

La fête d'Eva Braun

Au mois d'octobre, Hitler est à nouveau descendu à Berchtesgaden[1]. J'ai dû m'y rendre à mon tour le même jour que lui, ou très peu de temps après. En revanche, je me souviens parfaitement de son départ pour la France et la frontière espagnole dans son train spécial. Des rumeurs couraient qu'il quittait le Berghof pour une entrevue avec Franco à Hendaye[2]. À peine Hitler parti, Eva Braun a organisé une fête. En un rien de temps, elle avait changé d'expression, était devenue drôle, enjouée. Elle semblait s'ouvrir, vouloir dire aussi qu'il fallait profiter de ce départ, de ce moment de liberté, qu'on devait tous s'y mettre et partager cet instant, le personnel compris.

---

1. Du 16 au 21 octobre 1940. C'est durant ce séjour que le Führer se sépare de son aide de camp Brückner, d'après Nikolaus von Below.
2. Le 23 octobre, Hitler, en compagnie de Ribbentrop venu le rejoindre depuis Berlin, rencontre le Caudillo à la frontière. Le lendemain, sur le chemin du retour, Hitler s'entretient avec Pétain et Laval à Montoire.

Nous étions deux. Karl Tenazek et moi. Deux « jeunes » du commando restés au Berghof alors que les autres membres de l'unité avaient suivi le Führer.

Eva Braun est venue nous voir. Elle demandait que nous passions dans le salon pour rejoindre les autres. « Les filles ont besoin de danseurs ! » s'écriat-elle. Nous l'avons suivie. Les gens riaient, buvaient au son du fox-trot, un style de musique alors à la mode. Je me suis installé dans un coin avec mon camarade. J'ai mangé un peu, picoré au buffet, parlé aussi un peu avec Gretl, la serveuse chargée des boissons, mais je n'ai pas bougé de la soirée. Je ne me voyais pas danser avec la copine du chef. Cela ne se faisait pas.

À plusieurs reprises, j'ai pu remarquer au cours des années suivantes qu'Eva Braun, qui n'accompagnait jamais Hitler lors de ses déplacements, modifiait son comportement dès le départ du Führer. À l'exception des tout derniers mois du régime, elle exprimait pratiquement à chaque fois une invariable joie de vivre, une envie de légèreté et d'entrain. Alors que, en réunion plus ou moins officielle, elle paraissait effacée, disparaissant même dans sa chambre peu avant les réceptions de marque, Eva Braun imposait sa personne lorsqu'elle se retrouvait en petit comité. Elle devenait même le centre des discussions une fois entourée de ses amis proches comme Herta Schneider, Heinrich et Erna Hoffmann, l'Autrichienne Marion Schönmann ou encore Margarete Speer [3].

---

3. La femme de l'architecte Albert Speer.

Pas de questions

Certes, j'observais moi-même, comme très probablement les autres camarades, le couple caché Hitler-Eva Braun. Mais les questions ne se posaient pas. Tous les membres du commando savaient qu'ils étaient ensemble, mais de là à vouloir connaître la nature de leur relation, c'était franchir un seuil inimaginable. Hitler n'avait de cesse de répéter en public qu'il n'avait « pas le temps pour une femme ». On s'en tenait là. Eva Braun faisait partie de son domaine privé, de cet environnement intime qui n'appartenait qu'à lui, si l'on peut dire. Quelque chose en tout cas que l'on ne questionnait pas et qui ne me choquait en aucune façon.

Au standard de la chancellerie, on pouvait entendre toutes les conversations. Mais on ne le faisait pas. Nous avions l'autorisation d'écouter les lignes pour des raisons techniques. On s'abstenait d'aller plus loin. En tout cas pour les plus jeunes d'entre nous. Je pense qu'on avait tous un peu peur. Peut-être que certains avaient été virés pour avoir un peu trop penché l'oreille sur ce qui se disait. On a parlé d'un membre du commando renvoyé parce qu'il était trop curieux.

Lorsqu'une communication arrivait pour Hitler, celle-ci était d'abord équilibrée au niveau du son, de la tonalité et du volume. Très souvent, il nous arrivait de rajouter des graves ou des aigus pour améliorer l'écoute. Lorsqu'on entendait un grésillement, on essayait d'améliorer la clarté. Une fois tout réglé, on ouvrait la ligne et l'ampoule du Führer s'allumait le temps de la conversation.

À ma connaissance, Hitler n'avait pas de rendez-vous téléphonique particulier. Il ne recevait ni ne passait pas de communication avec quiconque de façon régulière. Lorsqu'il se trouvait à Berlin et Eva Braun au Berghof, ils ne s'appelaient que rarement, certainement pas tous les jours. En cas d'appel du chalet pour le Führer, on entendait le standardiste annoncer uniquement « Berghof » et « pour appartements ». C'était suffisant.

Je n'ai jamais vu passer un courrier du Führer pour Eva Braun, ni de cette dernière pour le Führer. Ces lettres, si elles existaient, devaient être confiées directement à Julius Schaub ou à Martin Bormann [1].

Les nouvelles, brèves et dépêches passaient toutes entre nos mains. Jour et nuit, elles arrivaient par dizaines, par centaines. Un flot permanent de notes et de messages provenant des agences d'information, des dirigeants

---

1. Christa Schroeder, *op. cit.*, p. 124-125.

de gouvernement, d'autorités politiques ou militaires. Des textes à n'en plus finir pour tenir le Führer informé de façon continue. Mais dont il était formellement interdit de lire le contenu. Erich Kraut, le membre du commando qui m'avait indiqué le chemin pour éviter de croiser le Führer, a été renvoyé peu de temps après mon arrivée pour avoir gardé chez lui des dépêches de la chancellerie.

Malgré cela, il m'arrivait parfois de jeter un très bref coup d'œil sur une de ces notes afin d'attraper quelque chose, une hypothétique information sur les événements extérieurs. Ces instants étaient rares. J'avais évidemment peur d'être pris. Mais je crois aussi que ma curiosité n'exigeait pas d'aller plus loin. Peut-être tout simplement en raison d'un manque d'intérêt de ma part, eu égard à la nature même de ces messages, qui paraissaient très peu compréhensibles.

Les feuilles que nous transmettions aux aides de camp ou directement à Hitler comportaient généralement assez peu de texte, des phrases courtes, plutôt simples en apparence et parfois répétitives. Certaines notes ne contenaient que quelques mots, un lieu, une date, un ou plusieurs noms. Autant d'informations indéchiffrables pour quiconque ne connaissait pas le contexte dans lequel elles avaient été écrites.

Les dépêches, elles, présentaient en tête de page le lieu d'où provenait l'information et le nom de la source, l'Agence Reuter la plupart du temps. Suivait la phrase pivot *(Kernsatz)*, celle qui résumait l'ensemble.

Hitler lisait tout. Lorsque nous lui donnions ces dépêches, quatre à six feuilles généralement sélectionnées par Heinz Lorenz, l'adjoint d'Otto Dietrich au service de presse, le Führer chaussait d'abord ses lunettes, une de ses très nombreuses paires qu'il laissait traîner un peu n'importe où, pour ensuite parcourir les pages une par une. Une information méritait-elle d'être retenue, il coinçait la note sous le bras et continuait sa lecture. Les autres, celles qu'il ne jugeait pas utile de conserver, Hitler les déchirait à moitié avant de tendre le bras pour nous les donner. Avant de rejoindre le standard ou l'accueil, nous nous arrêtions systématiquement au bas de l'escalier qui se trouvait près des cuisines pour déposer les notes dans une poubelle prévue à cet effet. Les papiers étaient ainsi détruits afin que personne ne puisse les récupérer.

Au milieu de la guerre, à une date qu'il m'est impossible de me remémorer, je suis tombé sur une dépêche qui a retenu mon attention. Peut-être l'a-t-il lue. J'ai dû la transmettre à Heinz Lorenz, ou bien à Albert Bormann. Signée Reuter, l'information provenait d'un quotidien suédois, le *Svenska Dagbladet.* On pouvait lire qu'une équipe de la Croix-Rouge internationale prévoyait d'inspecter un camp de concentration. La note précisait qu'un rapport allait être rédigé et envoyé au comte Folke Bernadotte [2].

---

2. Vice-président de la Croix-Rouge suédoise et proche parent du roi de Suède. C'est lui qui, après le 22 avril 1945, négocie une reddition sans conditions avec Heinrich Himmler dans la ville de Lübeck.

C'est la seule et unique fois pendant mes cinq années passées auprès d'Hitler que j'ai lu quelque chose sur les camps. Cela ne s'est jamais reproduit. Je n'ai pas non plus entendu un seul haut dignitaire parler publiquement de ce sujet. À aucun moment quelqu'un n'est venu aborder la question lors d'une réunion à laquelle j'assistais. Jamais. Si les camps de concentration étaient évoqués au cours de discussions entre certains hommes forts du régime, ils ne l'étaient pas dans ce cadre-là, pas ouvertement. Heinrich Himmler et le Führer se voyaient certes souvent. Mais leurs discussions se déroulaient en tête à tête, derrière une porte[3]. Je ne peux rien en dire.

Hitler n'a jamais pris de notes ou rédigé une idée sur un bout de papier. En tout cas, je ne l'ai jamais vu faire pareille chose. Il n'était pas du genre à s'asseoir à une table de travail et écrire pendant des heures. À la rigueur, il préférait lire ou écouter de la musique. Avec lui, tout se passait oralement. Entouré d'un proche, d'un responsable politique, de son état-major, il n'en finissait

---

3. Christa Schroeder affirme avec certitude qu'« Hitler était exactement instruit par Himmler de tout ce qui se passait dans les camps de la mort lente » (*op. cit.*, p. 193). L'historien britannique Kershaw rappelle, lui, le goût prononcé du secret d'Hitler : « Nulle part, fût-ce dans ses discussions avec ses aides de camp ou ses secrétaires, on ne trouve le moindre signe explicite qu'il avait connaissance de l'extermination des Juifs. Le sujet n'était probablement abordé, s'il l'était, qu'en privé avec Himmler et en termes généraux, ou sous la forme d'allusion sinistre, à travers un langage codé » (*op. cit.*, p. 755 et 756). Voir aussi Walter Laqueur, *Le Terrifiant Secret. La solution finale et l'information étouffée*, Paris, Gallimard, 1981.

pas de discourir. À charge pour les aides de camp de coucher sur une feuille les décisions du « chef ». Lorsqu'il voulait rédiger un texte pour un discours ou une émission radiophonique, il convoquait le plus souvent deux secrétaires, Christa Schroeder et Gerda Daranowski de préférence. La dictée avait lieu dans la grande salle dite « modèle » située dans les sous-sols de la nouvelle chancellerie. C'est là, dans ces catacombes, que le Führer dictait son texte, debout, marchant de long en large, s'exprimant même parfois avec force gestes, tout emporté qu'il était par une idée.

Une fois l'exercice terminé, il lui arrivait de lire directement certains passages dans cette pièce souterraine. Les lunettes cette fois-ci n'étaient pas nécessaires. Ne supportant visiblement pas d'apparaître en public avec elles, il avait fait installer sur les machines à écrire de marque Silenta des caractères spéciaux, des lettres d'une taille supérieure à la moyenne pour pouvoir lire ses discours à l'œil nu [4].

La salle « modèle » n'était pas la seule pièce située dans les sous-sols. La chancellerie possédait tout un dédale de galeries et d'espaces souterrains reliés entre eux par un long couloir. À une des extrémités de ce passage, pratiquement sous les appartements privés d'Hitler, on tombait sur une *Luftschutzkeller*, une cave

---

4. Pour une description détaillée de ces prises de notes, Schroeder, *op. cit.*, p. 17-21.

aménagée en abri antiaérien à la fin des années 1930. Un refuge sommaire à peine renforcé avec des parois de 50 à 60 centimètres et qui allait très vite s'avérer totalement insuffisant.

Le bunker

Le bunker du Führer, le Führerbunker, celui dans lequel il allait se donner la mort, a été une conséquence de la visite à Berlin de Molotov [1]. La veille de son départ, un banquet de clôture fut organisé à la chancellerie en son honneur. J'étais de service ce soir-là. Après le dîner, Molotov a pris congé du Führer. Je l'ai ensuite conduit dehors, devant la voiture qui devait le raccompagner au palais Bellevue, la résidence des invités de l'État. Avant de partir, je lui ai posé une couverture sur les genoux pour qu'il n'attrape pas froid [2].

---

1. Les 12 et 13 novembre 1940, sur invitation de Ribbentrop. Un an après le pacte de non-agression germano-soviétique (23 août 1939), les relations entre Berlin et Moscou se dégradèrent rapidement. La visite du commissaire soviétique aux Affaires étrangères fut un fiasco pour Hitler, le ministre des Affaires étrangères soviétique refusant toutes les propositions de partage du globe proposées par les dirigeants nazis. C'est probablement durant cette période que le Führer décida de mener l'offensive de 1941 contre l'Union soviétique.

2. Il est possible que Misch se trompe dans le récit en faisant partir Molotov un peu trop tôt par rapport aux événements qui vont suivre.

Quand je suis revenu dans le salon, les invités étaient encore nombreux et passaient un à un dans le fumoir d'à côté. Ils parlaient pratiquement tous de Molotov, mais je n'ai aucun souvenir de l'ambiance qui régnait à ce moment-là. J'étais en poste dans la pièce, assis à travailler près du téléphone qui se trouvait sur place. À un moment, j'ai intercepté le bulletin de la situation aérienne. Je me suis tourné vers le chef du protocole, Alexander Dörnberg, pour lui transmettre l'information qu'un avion ennemi survolait actuellement Lüneburg (sud-est d'Hambourg) et qu'il prenait la direction sud-sud-est, c'est-à-dire la route de Berlin [3]. Hitler était à quelques mètres de nous. « Que se passe-t-il ? » demanda-t-il à Dörnberg qui s'empressa de lui expliquer la situation.

L'ambassadeur Walther Hewel intervint le premier : « Qu'allons-nous faire avec Molotov si l'avion venait à survoler la ville et larguer une bombe au-dessus de nos têtes ? Nous n'avons pas de lieu sûr pour Molotov ! » Hewel s'est alors tourné vers Hitler et lui a dit qu'il fallait immédiatement conduire Molotov à l'hôtel Adlon [4]. « Et pourquoi ? » demanda le Führer. « Adlon propose à ses clients des abris sécurisés à l'épreuve des bombes, reprit Hewel. Oui, c'est ainsi, le chef de l'État allemand ne peut même pas protéger ses propres invités ! »

---

3. La capitale n'avait jusque-là pas encore subi d'attaque aérienne.
4. Hôtel de grand standing situé à quelques mètres de la chancellerie, au commencement de l'avenue Unter den Linden.

On parla de la cave que certains appelaient « bunker ». Tous semblaient convaincus que ce réduit ne serait d'aucune utilité en cas d'attaque. C'est à ce moment-là, au cours de cette discussion tardive, qu'Hitler prit la décision de construire un bunker digne de ce nom en lieu et place de l'abri existant. « Il serait temps que le chef de l'État allemand puisse lui aussi mettre en lieu sûr ses invités. Et pas seulement à l'hôtel Adlon ! » conclut le Führer.

Les travaux ne commencèrent qu'en 1943 pour une raison que j'ignore. Pendant pratiquement deux années, les jardins de la chancellerie allaient être transformés en un immense chantier à ciel ouvert. Une période longue, pas toujours agréable à vivre en raison du bruit incessant des pompes à eau qui résonnait jusque dans les chambres.

Hitler ne sort pas

En moyenne, je passais deux à trois nuits par semaine à la chancellerie. J'essayais encore de rentrer chez moi, dormir le plus souvent possible dans mon logement de Rudow. Voir aussi Gerda, ses parents. Le travail auprès d'Hitler prenait du temps. Les huit heures quotidiennes venaient souvent à être dépassées. Les astreintes de nuit s'organisaient autour des réceptions ou des accueils tardifs. Le plus souvent, nous étions postés à l'entrée, près du standard et du vestiaire. En cas de besoin tardif, le Führer s'adressait généralement à nous. Il savait qu'une équipe du commando était toujours là, en éveil. Ce qui n'était pas le cas de ses aides de camp et valets de chambre qui devaient bien dormir à un moment ou à un autre. Seuls quelques « vieux » comme Franz Schädle et l'ancien de la Leibstandarte Hermann Bornholdt étaient appelés, à de très rares occasions, pour les services nocturnes.

La nuit toujours, un camarade était en poste derrière l'entrée du personnel, cette porte qui se trouvait au fond de la cour à droite, celle qui donnait sur les cuisines et l'escalier qui montait à l'étage. Le membre du commando y était seul de façon permanente. En clair, si quelqu'un avait l'intention de tuer Hitler dans son lit, il pourrait passer par là, demander au garde de contacter une personne travaillant à la chancellerie dont il se serait procuré le nom, attendre qu'il décroche le combiné avant de le neutraliser avec un gaz ou une matraque. Ensuite, il lui suffirait de monter les vingt-deux marches, pousser la porte de l'appartement qui n'était jamais fermée à clé, et finir le travail directement dans la chambre à coucher située à quelques mètres à peine. Il n'y avait pas d'autre surveillance dans les couloirs. Personne devant l'appartement privé du Führer. Seule une patrouille, la plupart du temps composée d'un seul et unique policier, circulait de temps à autre dans la Wilhelmstrasse. C'est-à-dire pas grand-chose.

Aucune autre mesure de sécurité ne sera prise. Rien ne viendra renforcer ce dispositif jusqu'à pratiquement la fin du régime. Il faudra attendre les tout derniers mois pour qu'une unité du RSD soit renforcée en hommes dans les jardins de la chancellerie. Mais guère plus.

Hitler sortait peu. Pendant toute la durée de la guerre, et tout particulièrement après le lancement de la campagne contre l'URSS en 1941, le Führer n'est pratiquement plus allé à la rencontre du public. À l'exception du Berghof et de ses QG de campagne, il n'a quitté la chancellerie qu'à de très rares occasions. Il n'allait pas marcher dans les rues, inaugurer tel ou tel établissement. Il ne se déplaçait pas non plus pour visiter un musée ou assister à un spectacle comme il le faisait autrefois dans les années 1930.

Un des « vieux » m'a un jour raconté comment, peu avant le déclenchement de la guerre, quelqu'un avait insisté auprès d'Hitler pour qu'il aille à l'hôtel Kaiserhof où quatre musiciens jouaient de la très bonne musique. La personne aurait su se montrer suffisamment convaincante pour que le Führer décide un soir d'y aller voir de plus près. Il s'est rendu à pied dans l'établissement situé à moins d'une centaine de mètres de la chancellerie. Le concert a eu l'heur de plaire à Hitler au point qu'il décida d'y retourner quelques jours plus tard.

Au cours de cette deuxième sortie, Hitler a très rapidement senti que quelque chose n'allait pas. L'ambiance paraissait différente et les personnes assises en face de lui ressemblaient étrangement à celles du soir précédent. Les regards étaient particulièrement insistants alors que les musiciens avaient repris leurs instruments. Ce n'est que le lendemain que les gardes du corps ont appris que le patron des lieux avait réservé et vendu chacune des places de sa salle dès qu'il avait su la venue d'Hitler. Les serveurs, eux, auraient revendu les tasses et les couverts que le chancelier avait utilisés.

Les quelques très rares sorties qu'il s'autorisait encore comme à l'Osteria-Bavaria, son restaurant préféré de Munich, s'accompagnaient généralement d'un rassemblement de nombreux badauds venus l'acclamer haut et fort. Les « vieux » m'avaient prévenu de faire très attention lors de ces bains de foule. Au cas où des personnes s'approcheraient d'un peu trop près des voitures ou de la personne du Führer, je devais les contenir, voire les repousser, mais surtout agir délicatement. Hitler ne supportait pas, selon eux, que des membres de sa propre escorte agissent brutalement avec son public.

Hitler soignait les célébrités qu'il appréciait. Tous les ans, comme j'allais m'en apercevoir, de nombreux acteurs, comédiens et artistes recevaient de sa part un paquet pour les fêtes de Noël. Chaque fois, aux alentours du 24 décembre, nous étions chargés de livrer ces présents à demeure. C'est comme cela que j'ai croisé furtivement dans leurs maisons berlinoises les danseuses et sœurs jumelles Höpfner, les actrices Olga Tschechowa et Lida Baarova, celle dont on disait qu'elle avait eu une liaison avec Goebbels[1]. Un camarade, lui, s'est rendu chez Max Schmelling, le grand champion de boxe. Un autre s'est retrouvé dans la maison des Wagner.

Une année, j'ai eu droit au chef d'orchestre Wilhelm Furtwängler[2]. J'ai dû porter un de ces colis dans sa

---

1. Cette relation aurait failli entraîner le divorce du couple Goebbels. Sur les liaisons des dirigeants nazis, voir Anna Maria Sigmund, *Les Femmes du IIIe Reich*, Paris, J.-C. Lattès, 2004 ; François Delpla, *Les Tentatrices du diable*, Paris, L'Archipel, 2005 ; et, en allemand, Helmut Heiber, *Joseph Goebbels*, Munich, Dt. Taschenbuch, 1974.
2. Très apprécié par Hitler pour avoir fait du Philharmonique de Berlin un orchestre de renommée internationale ; « un des ambassadeurs culturels les plus importants du régime », selon Kershaw (*op. cit.*, p. 742).

petite villa du quartier de Babelsberg, près de la gare de Potsdam à Berlin. Furtwängler était chez lui. Il m'a fait entrer dans le salon. Celui-ci était immense, mais surtout peint tout en blanc. Il n'y avait rien sur les murs, tout était lisse, totalement immaculé. Pas un seul tableau, ni même un miroir pour accrocher le regard. Seul un piano trônait au milieu de l'espace. Je lui ai donné le cadeau sans avoir vraiment fait attention à la réaction du maître avant de repartir dans la voiture conduite par un des chauffeurs de la chancellerie.

C'est à peu près à cette période que j'ai suivi pour la première fois le Führer à un de ses discours. Je crois qu'il s'agissait d'une réunion au Sportpalast, cette salle de sport qui avait déjà pour habitude sous la république de Weimar d'accueillir les grands rassemblements politiques. Notre équipe du commando a quitté la chancellerie peu avant Hitler. Nous nous sommes tous installés contre les murs du Sportpalast, légèrement en arrière afin d'avoir une vue de l'ensemble. À la tribune, le Führer a évoqué les efforts qu'il restait à fournir pour la victoire finale. Que le plus dur était devant nous. Il a aussi martelé l'importance de l'*Arbeitsfront*, le « Front allemand du travail » dirigé par Robert Ley [3]. Après

---

3. Misch semble avoir confondu deux discours d'Hitler qui ont eu lieu à peu près à la même période. Le 30 janvier 1941, le Führer s'est bien rendu au Sportpalast pour marquer le huitième anniversaire de sa nomination au poste de chancelier (rendez-vous qu'il réitérera les années suivantes). En revanche, son discours ne porta pas sur les efforts de guerre mais fut presque uniquement concentré sur l'attaque contre la

son allocution, Hitler est remonté dans son véhicule. Nous sommes partis ensemble cette fois, tous dans le même convoi. Ce soir-là, aucun participant du rassemblement n'est venu me parler ou me poser des questions sur mon travail, mon uniforme ou quoi que ce soit d'autre.

Grande-Bretagne avec à nouveau la menace de la destruction des Juifs en Europe. Misch a très probablement assisté à un autre discours du Führer prononcé le 10 décembre 1940 et qui s'adressait aux travailleurs d'une grande usine d'armement de Berlin.

Amerika

Les premiers mois de l'année 1941, Hitler voyageait beaucoup. Il a dû se rendre à Vienne, à Linz, plusieurs fois à Munich et au Berghof. Je n'étais pas toujours avec lui. Au printemps, le Führer embarqua dans son train spécial surnommé *Amerika*, en route pour un nouveau QG de campagne situé dans les Alpes[1]. La guerre contre la Yougoslavie venait à peine de commencer.

J'ai été désigné. C'était la première fois que je posais un pied dans le train du Führer. On savait que le « chef » l'utilisait lorsqu'il quittait Berlin avec ses généraux pour des séjours plus ou moins prolongés. La quinzaine de wagons permettaient d'emmener une grande partie des chefs de l'état-major de la Wehrmacht, des proches collaborateurs, du personnel de la chancellerie ou encore les services de presse du Reich. La place ne manquait pas. Le départ eut lieu à la gare Anhalter

---

1. Le 10 avril 1941. La veille, Berlin connut un des premiers bombardements d'envergure de l'aviation britannique.

Bahnhof de Kreuzberg[2]. Il pouvait arriver, comme je l'appris par la suite, que l'on embarque directement sur le quai de la gare de Grunewald (ouest), là où le train était habituellement stationné.

Le train était un lieu de travail, un QG mobile quand le Führer se trouvait à l'intérieur. Nous étions joignables par téléphone en composant le numéro de la chancellerie[3]. En cas d'alerte aérienne, le train trouvait refuge dans le tunnel le plus proche. À l'avant de l'*Amerika*, devant la locomotive, roulait un train « de contrôle » composé de deux wagons.

À aucun moment je ne suis entré dans le compartiment personnel d'Hitler. Je n'ai jamais eu quelque chose à y faire. Je sais seulement que, en plus d'une chambre à coucher, son wagon possédait un salon pour les discussions en petit comité. Les grandes réunions quotidiennes avec les généraux de la Wehrmacht se tenaient, elles, dans une pièce située juste derrière la salle à manger. Je ne saurais dire si les vitres du wagon du « chef » étaient blindées, les nôtres ne l'étaient pas. Nos couchettes se trouvaient dans la voiture située à côté de celle du Führer. D'ailleurs, Hitler m'a surpris à maintes reprises, dans le couloir, en me tapant dans le dos tout en poursuivant son chemin.

---

2. Autrefois la plus grande et plus célèbre gare de Berlin. Il n'en reste aujourd'hui qu'une ruine désolée, une partie de la façade dressée sur une terrain vague.
3. Le train devait s'arrêter pour établir la liaison.

Le wagon-restaurant, appelé aussi Casino, était géré par le personnel de la société Mitropa. Il m'est arrivé une fois d'y manger à la table du Führer. Ce jour-là, il était à l'autre bout de la rangée. J'ai encore très clairement en mémoire la scène : Hitler avalant une petite bière de la marque Holzkirchenerbräu, une brasserie bavaroise près de Munich. Son assiette contenait quelques morceaux de charcuterie, une entorse à son régime végétarien. C'est la seule et unique fois en cinq ans que j'ai vu Hitler manger un peu de viande[4].

Pendant le trajet, le Führer exigea que le train spécial ne vienne pas gêner le trafic régulier de la Reichsbahn, les chemins de fer nationaux. En conséquence, nous avons dû nous arrêter, plus d'une fois, sur une voie de délestage comme à Hof, au nord de Bayreuth, pour permettre aux trains de voyageurs d'atteindre leur destination à l'heure initialement prévue. Nous sommes passés par les environs de Vienne avant que le train ne s'arrête à une cinquantaine de kilomètres à l'est de la ville de Wiener Neustadt, tout près de Mönichkirchen. Ce QG plus ou moins improvisé à l'entrée d'un tunnel et totalement isolé prit le nom de *Frühlingsturm*, « Tempête du printemps ». Les communications étaient bonnes et l'atmosphère était plutôt calme. Hitler restera plongé au milieu de cette campagne alpestre pratiquement

---

4. Végétarien depuis le début des années 1930, Hitler devint de plus en plus strict dans son régime durant ses toutes dernières années.

deux semaines [5]. J'ai pris un avion pour Berlin peu de temps avant son retour.

Au total, j'ai peut-être accompagné le Führer trois ou quatre fois dans ce train *Amerika*. Ce n'est qu'en 1944, peu après le débarquement allié en Normandie, qu'il sera rebaptisé « train spécial Brandebourg », en hommage à cette région de l'est de l'Allemagne.

---

5. Il rentrera à Berlin le 28 avril 1941 après ses victoires militaires contre la Yougoslavie et la Grèce.

L'envol d'Hess

Après un bref moment passé dans la capitale, Hitler décida de repartir pour Berchtesgaden [1]. J'ai suivi. C'est lors de ce séjour dans son chalet que le Führer apprit le 11 mai la stupéfiante nouvelle de la disparition de son second, le fidèle paladin Rudolf Hess, l'ami de la première heure. Le chef adjoint du NSDAP s'était envolé d'Augsbourg à bord d'un Messerschmitt 110 en direction de la Grande-Bretagne. Il était parti seul, sans prévenir Hitler ni aucun autre haut responsable du régime. Je me souviens très bien de cet épisode. Nous étions à quelques semaines de l'attaque contre l'URSS, un moment important dans l'histoire de cette guerre. En outre, mes informations concernant les différentes tentatives du bras droit d'Hitler pour traverser la Manche étaient de première main. J'étais proche de Joseph

---

1. Le 9 mai 1941, après un discours au Reichstag où il annonça « une grande année de conquête », sous-entendu l'invasion de l'URSS qui était alors en pleine préparation.

Plattzer, dit Sepp, le valet de chambre d'Hess. En l'espace de quelques mois à peine, je m'étais lié d'amitié avec lui. Je ne connais certes pas tous les ressorts de cette histoire, mais certainement beaucoup plus que certains proches comme Alfred Leitgen, l'ordonnance d'Hess, qui avait été tenu à l'écart des préparatifs de son chef.

Parler du vol d'Hess, c'est revenir en arrière, reprendre un récit qui commence quelques mois avant son décollage définitif. C'est ici même au Berghof, un soir aux environs du mois de novembre 1940, que tout semble avoir commencé[2]. Peu avant le dîner, un aide de camp est venu nous demander de trouver des convives pour la table. Un camarade s'est alors souvenu qu'Hess était dans les parages, dans son chalet alpin situé non loin de la maison du Führer. « Il pourrait tout de même se montrer un peu ! » dit-il avant de lui passer un coup de téléphone. Hess était libre et s'est présenté peu de temps après. À la fin du repas, un messager a surgi dans la pièce. Il s'est approché d'Otto Dietrich pour lui remettre une dépêche. Le chef de presse l'a lue rapidement, puis l'a remise à Hitler, qui a parcouru le document à son tour. Le Führer s'est arrêté, a tendu le papier devant lui, et s'est exclamé : « Mais enfin, que dois-je faire de plus ? Je ne peux tout de même pas prendre un avion et aller me mettre à genoux devant eux ! » J'étais là, debout dans la salle

---

2. Misch ne parvient pas à dater l'événement de façon plus précise.

114

sans pour autant savoir de quoi il s'agissait. Je n'ai pas eu la fameuse feuille entre les mains. Mais j'écoutais, par bribes, les paroles les plus fortes, les plus audibles.

Il fut question d'une rencontre, d'une réunion importante qui semblait avoir eu lieu peu de temps auparavant au Portugal entre l'ambassadeur allemand Emil von Rintelen, celui que tout le monde appelait « le facteur d'Hitler », et le diplomate suédois, le comte Bernadotte. J'en ignore les raisons[3]. Toutefois, c'est à ce moment précis que l'attention s'est portée sur Hess. Je ne sais plus quels étaient ses termes exacts, mais celui-ci a alors affirmé quelque chose comme : « Hitler ne peut effectivement pas le faire. Mais moi, en revanche, je le peux. »

À peine la discussion terminée, Hess s'excusa avant de prendre congé accompagné de ses deux aides de camp Alfred Leitgen et Karl-Heinz Pintsch. En partant, Hitler lui conseilla brièvement d'aller voir son médecin Morell pour qu'il l'examine une fois pour toutes.

Le soir même, dans son chalet, Hess se retrouva en tête à tête avec Sepp Plattzer. C'est là qu'il lui répéta cette même phrase qu'il avait prononcée quelques minutes plus tôt : « Non, le Führer ne peut pas le faire. »

---

3. Hitler laissa plus ou moins la porte ouverte à un rapprochement entre Londres et Berlin. La signature d'une paix séparée ou la mise en place d'une coopération avec la Grande-Bretagne contre le bolchevisme aurait été de nature à conforter grandement la position du dictateur nazi. D'après Eberle et Uhl (*op. cit.*, p. 143) des négociations auraient commencé au mois d'août 1940.

Je ne sais pas si son serviteur comprit exactement de quoi parlait Hess. Il reçut en tout cas pour consigne de trouver au plus vite deux livres d'histoire sur la Grande-Bretagne. Surtout, il ne devait en parler à personne. Hess insista particulièrement pour que les aides de camp ne soient pas mis au courant de ce qui se tramait[4].

La première chose à faire fut de mettre la main sur les plans aériens nécessaires pour l'expédition. Hess devait pour cela obtenir, sans éveiller les soupçons, ce que l'on appelait les *Parolen*, les codes inscrits sur les cartes d'état-major précisant les horaires durant lesquels les avions pouvaient voler au-dessus de certaines régions définies sans être abattus par la DCA ou l'aviation d'un camp comme de l'autre. Ces documents précieux, qu'on appelait dans le jargon militaire de l'époque les « zones mortes », ont été habilement soutirés au capitaine d'aviation Hans Baur, le pilote d'Hitler. L'exercice n'a pas été facile d'après ce que m'en a raconté Sepp Plattzer. Hess a dû insister auprès de Baur sur le mode : « Mais tu connais quand même le chef, il veut tout savoir de manière très précise... » Baur céda. Il lui donna finalement une deuxième édition des plans de Göring, celle qui devait être destinée au capitaine

---

4. Le récit de Misch semble confirmer la thèse selon laquelle Hess s'était senti investi d'une mission pour négocier seul une paix de compromis avec la Grande-Bretagne. Il agit à l'insu d'Hitler, mais en étant convaincu d'être dans la droite ligne des convictions du Führer. Voir Kershaw, *op. cit.*, p. 550-566, et Below, *op. cit.*, p. 273 et 274.

d'aviation Beetz, deuxième pilote du Führer. Une fois entre ses mains, Hess a découpé les documents pour les assembler et les accrocher au mur de sa chambre. Il faisait cela en présence de Sepp Plattzer, le soir surtout. Hess étudiait les meilleurs trajets, organisait son vol, toujours dans la plus grande discrétion. Lorsque quelqu'un venait frapper à la porte, ils repliaient tous deux les cartes à toute vitesse et rangeaient la chambre comme si de rien n'était.

Sepp Plattzer se procura des bottes spéciales pour le saut en parachute d'Hess. Bien que le bras droit d'Hitler pour tout ce qui regardait le parti ait été un très bon pilote, il n'avait jamais sauté d'un avion. Son valet de chambre lui fournit également les bandages que l'on enroulait autour des jambes des sauteurs débutants pour éviter qu'ils ne se brisent des os au moment d'atteindre le sol. Hess, lui, s'était préparé un uniforme militaire qu'il devait revêtir au moment où il monterait dans l'avion. Il avait appris qu'un civil sautant en parachute d'un avion inconnu sur le territoire britannique avait toutes les chances d'être collé contre un mur et abattu par le premier gendarme venu. En revanche, Hess pensait avoir la vie sauve en tenue militaire, les Anglais avaient la réputation d'être très stricts là-dessus.

Hess n'arrêtait pas de s'entraîner avec son avion, volant pratiquement tous les jours depuis les usines Messerschmitt d'Augsbourg[5]. De passage une fois au

_____

5. Hess possédait une maison à Munich, non loin de là.

QG au moment où j'étais de service, il croisa Hitler. « Mais que faites-vous donc ici ? » lui demanda ce dernier. Hess formula le désir d'être incorporé dans une unité postale, comme pilote. Le Führer refusa tout net. Il lui répondit qu'il n'aurait aucune mission dans ce sens et qu'il avait à partir de cet instant interdiction absolue de voler, lui et son autre bras droit Hermann Göring. Ce que tous deux n'ont évidemment pas respecté.

L'opération était prête au début de l'hiver 1940-1941. Un jour que je ne pourrais pas dater, Hess a donné, peu de temps avant de monter dans son avion, une enveloppe blanche à ses aides de camp. Il leur a demandé de ne l'ouvrir que dans le cas où il ne serait pas de retour dans les vingt prochaines minutes. Sepp Plattzer était là. Il observa comment tous avaient très vite compris qu'il allait se passer quelque chose, que le patron s'apprêtait de toute évidence à prendre la fuite.

Une fois Hess dans les airs, les deux aides de camp ont immédiatement ouvert l'enveloppe, sans perdre un instant. Celle-ci contenait une deuxième enveloppe adressée directement au Führer avec la mention « De toute urgence ». Mais Hess fit demi-tour. Sept minutes seulement après avoir pris son envol, il se posa avec son appareil sur la piste de l'aérodrome. Aurait-il pris peur, l'avion avait-il des problèmes ? Personne n'a su ce qu'il lui était arrivé. Une fois sorti du cockpit, Hess, la mine renfrognée, s'est simplement dirigé vers son ingénieur mécanicien Neumaier pour un bref tête-à-tête.

Avant de monter dans la voiture qui devait les raccompagner à Munich, les aides de camp se sont adressés à Rudolf Hess. Ils lui ont expliqué qu'ils avaient pris peur et ouvert la fameuse lettre malgré ses recommandations. Hess les a écoutés sans dire un mot. Le trajet fut long. Le silence pesant. Pour détendre l'atmosphère, Sepp Plattzer évoqua la forêt qu'ils étaient en train de traverser et la passion d'Hess pour les promenades dans les bois. Toujours pas de réponse.

Après un temps, Hess ordonna au chauffeur Rudi de s'arrêter. «Plattzer pense que je dois me promener alors je vais me promener.» Une demi-heure plus tard, Hess rejoignit la voiture et convoqua tout son monde. «Vous savez ce qui se trame, mais je vous demande à chacun de ne rien dire, en aucun cas. Tout cela n'aurait pas dû avoir lieu.»

En février, Hess essaya à nouveau. Cette fois-ci, il renonça quelques secondes à peine après l'allumage des moteurs de l'avion, quittant le cockpit sans même avoir décollé.

La troisième tentative fut la bonne. Le soir du 10 mai, Rudolf Hess s'envola pour de bon. C'est Karl-Heinz Pintsch qui se présenta le lendemain matin au Berghof muni de l'enveloppe. Un aide de camp se chargea de réveiller Hitler. Mais lorsqu'il lut la lettre d'Hess, j'ai encore le souvenir du Führer ayant toutes les peines du monde à garder son calme. Il éleva la voix : «Mais Hess ne peut pas me faire cela ! Je ne comprends pas, c'est impossible ! Hess ! Hess a fait cela, mais cela ne va pas du tout[6]!» Il paraissait de plus en plus nerveux, profondément sonné aussi, comme s'il venait de recevoir un énorme coup de poing au ventre. Il exigea que l'on appelle Bormann, «tout de suite !». Heinz Linge et Albert Speer se trouvaient eux aussi dans la pièce. En s'adressant à eux, Hitler demanda que l'on prévienne immédiatement Göring et que l'on convoque également Ribbentrop sur-le-champ.

Hitler fit arrêter Pintsch. Il donna l'ordre ensuite de mettre aux arrêts les autres membres de l'entourage immédiat d'Hess, ceux qui le côtoyaient quotidiennement et qui n'avaient rien pu ou voulu laisser filtrer sur ses préparatifs. Plattzer, Neumaier, Leitgen : tous furent envoyés au camp de concentration de Sachsenhausen, dans un baraquement spécial[7].

Dans l'après-midi, au Berghof, Hitler rassembla tout un tas de gens pour une réunion d'urgence. Afin de combler le vide laissé par la défection d'Hess, le Führer nomma avec une grande célérité Martin Bormann à la direction du bureau central du NSDAP.

----

6. Dans sa lettre, Hess aurait expliqué vouloir rencontrer le duc Hamilton pour lui présenter les grandes lignes du plan de paix entre l'Allemagne et la Grande-Bretagne avant le lancement de l'offensive contre l'URSS, le plan « Barbarossa ». Voir Kershaw, *op. cit.*, p. 553. Lire également le récit de Heinz Linge, *Kronzeuge Linge*, Munich, Revue, novembre 1955.
7. Camp de concentration près de Berlin. Sepp Plattzer fut envoyé au front quelques mois plus tard avant d'être fait prisonnier par l'Armée rouge.

Hitler se retira. Du 11 jusqu'au 13 mai au soir, il restera cloîtré dans ses appartements situés au premier étage du Berghof. Il ne descendra pas. À aucun moment on ne verra le Führer dans le salon ou quitter le chalet pour une de ses balades dans la montagne. Il recevait ses hôtes dans son bureau, là-haut. Joseph Goebbels, arrivé au chalet le 12 mai, dut lui aussi emprunter les escaliers pour s'entretenir avec lui.

Il faudra attendre le jour de l'annonce officielle par Londres de la capture de Rudolf Hess pour voir Hitler descendre dans la grande salle du rez-de-chaussée. Celle-ci était noire de monde. Des généraux, des membres du parti, des gauleiters aussi avaient été convoqués pour une réunion exceptionnelle prévue dans le chalet. Le soir même, un communiqué fut diffusé par le service de presse du Reich reconnaissant publiquement la fuite d'Hess en Écosse. Le texte soulignait ses problèmes de santé en mettant l'accent sur une prétendue confusion mentale et autres troubles psychiques.

Cette affaire fut évidemment un sujet de discussion avec les camarades. J'étais convaincu dès le début qu'il ne s'agissait pas d'une mission secrète orchestrée par Hitler. Pour moi et un certain nombre d'entre nous, Hess avait agi seul. Il nous paraissait clair qu'il s'était envolé dans le fol espoir de négocier avec les dirigeants britanniques contrairement à de nombreuses rumeurs qui couraient à l'époque. Hess a indubitablement échoué.

À propos de son état de santé, nous étions nombreux à penser que Hess avait toute sa tête. Nous l'avions tous croisé à un moment ou à un autre dans les mois qui précédèrent son vol et aucun d'entre nous n'avait remarqué quoi que ce soit d'anormal. Au contraire, Hess paraissait très lucide. Toutefois, la manière dont le Führer l'a brocardé dans ses annonces, la façon dont il l'a fait passer pour un fou, un traître à l'Allemagne hitlérienne, alors qu'il n'était rien de tout cela, ne m'a rien fait. Il s'agissait selon moi d'une réaction purement politique de la part du Führer, une décision tactique prise en pleine tourmente. Elle ne me concernait pour ainsi dire pas. En tout cas, cette réaction à chaud et trompeuse n'a ni affecté ni altéré l'image que je m'étais faite d'Hitler au fil de ces premiers mois passés à ses côtés.

Même en cette période de crise, il dégageait indiscutablement quelque chose de particulier. Mieux que quiconque, il donnait cette image du père bienveillant. Ce n'étaient très certainement pas Bormann ou Göring qui pouvaient prétendre à un tel statut. Hitler pouvait être autoritaire, parfois colérique, mais incapable, d'après ce que je pouvais observer à cette époque, de coup tordu ou de mensonge éhonté. Se trouver aux côtés du Führer, c'était ressentir un véritable sentiment de sécurité et d'attention sincère. Je crois, comme beaucoup d'entre nous, avoir eu envie qu'il me remarque, qu'il m'apprécie dans mon travail et mon comportement[8].

---

8. Voir également la description très ressemblante de Traudl Junge, *Bis zum letzten Stunde* (en collaboration avec Melissa Müller), Berlin, List, 2002, p. 233.

Peu de temps après l'épisode Hess, vers la fin mai, le *Bismarck*, le puissant cuirassé de la marine allemande, est coulé dans l'Atlantique avant d'avoir atteint le port de Saint-Nazaire[9]. C'était la première grosse perte de la guerre. Elle a eu lieu à peine quelques jours avant le déclenchement de l'attaque contre l'Union soviétique, mais de cela personne n'était encore au courant.

9. Le 27 mai 1941. Près de 2 300 marins allemands périrent dans la bataille.

Wolfsschanze

Nous avons quitté Berlin le lendemain de l'invasion [1]. Hitler, accompagné de l'ensemble de son entourage et de l'état-major, monta dans le train spécial pour rejoindre son nouveau QG de campagne, près de la petite ville de Rastenburg, en Prusse-Orientale. Le convoi arriva tard dans la soirée dans ce que le Führer avait surnommé la *Wolfsschanze*, la « Tanière du loup ». La nuit était claire, la température douce.

Les baraquements se trouvaient au milieu des arbres, totalement coupés du monde extérieur et légèrement camouflés contre d'éventuels raids aériens. L'endroit n'était pas très grand et continuellement envahi par les moustiques. L'abri qu'allait occuper le Führer était entouré d'une demi-douzaine de constructions en bois et en briques. Certaines avaient été renforcées avec du béton, mais il faudra attendre l'année 1944 pour que

---

1. Le 22 juin, à l'aube, les soldats allemands franchirent la frontière soviétique.

l'on décide d'ériger de véritables bunkers en lieu et place des installations les plus importantes.

La première nuit, comme toutes les suivantes, se déroula dans le calme. Au matin, le soleil brillait d'un éclat printanier et les premières nouvelles du front paraissaient excellentes. L'ambiance était bonne. Le bunker du Führer était un simple espace de travail. On y dénombrait une chambre à coucher, un coin sanitaire et un salon relativement spacieux avec une table et quelques chaises [2]. Bormann logeait pratiquement en face. Le nouvel homme fort du régime avait entreposé ses affaires dans une installation en béton spécialement aménagée pour lui, à quelques mètres de celle destinée à Hitler. Göring était un peu plus loin, tout près des voies de chemin de fer. Himmler, lui, s'était fait construire un abri antiaérien à Hochwald, plus au nord, à plus d'une demi-heure de route du périmètre de sécurité des quartiers du Führer [3].

Notre équipe du commando était logée un peu à l'écart, dans un abri situé juste à côté de celui des membres du RSD. Les aides de camp et le personnel se trouvaient eux dans un bloc à part. Le service de presse, les médecins, les ambassadeurs et les sténographes ne

---

2. Une grande salle de travail allait être ajoutée au baraquement d'Hitler au milieu de l'année 1943.

3. Le QG dans lequel se trouvait Hitler était appelé «zone de sécurité I». Un vaste grillage barbelé «extérieur» était disposé tout autour du complexe sur plusieurs kilomètres.

sont arrivés qu'un peu plus tard. Quant au grand QG des armées, il se trouvait à l'écart, à une vingtaine de kilomètres au sud du périmètre grillagé.

Un point sur la situation était organisé deux fois par jour. Le midi, une première réunion avec l'état-major et Hitler se tenait dans le bunker que se partageaient le feld-maréchal Keitel et le général Jodl. En fin de journée, le second briefing militaire avait lieu vers dix-huit heures, après le thé. Peu à peu, une troisième réunion, plus courte celle-là, est venue s'ajouter aux précédentes. Elle avait lieu entre onze heures et minuit et durait rarement plus d'une demi-heure. Les repas venaient encore rythmer le quotidien de la Wolfsschanze. Le déjeuner avait lieu généralement à quatorze heures et le dîner aux alentours de dix-neuf heures trente. Après la dernière réunion de la nuit, un dernier thé autour du Führer venait clore la journée pour les secrétaires et certains proches. Un ultime moment de détente où il était interdit d'évoquer des sujets politiques ou militaires. Le reste du temps, les habitants du QG, lorsqu'ils avaient des moments de libre, s'installaient au Casino ou se prélassaient sous le soleil à discuter entre collègues.

Toutes ces premières semaines ressemblaient pour moi à une période de cure. Le standard téléphonique était pris en charge par la Wehrmacht et les courses n'existaient pratiquement pas. Nous avions la charge de la poste et du courrier, une tâche dont Helmut Beermann fut nommé responsable. Le reste du temps, notre travail se résumait à rester planté là, à bonne distance du Führer, au cas où. Les visiteurs étaient accompagnés le plus souvent par le RSD. Des rencontres qui ne s'éternisaient d'ailleurs que très rarement. Les hôtes venus s'entretenir avec Hitler repartaient le plus souvent après quelques minutes à peine. Une ou deux fois, il lui est également arrivé de faire un tour en voiture d'un peu plus d'une heure dans la forêt et la campagne environnante.

Nous en avons profité. L'atmosphère n'étant pas trop formelle, nous allions à deux ou trois nous baigner régulièrement dans une petite étendue d'eau des environs appelée Moy See, « lac Moy ».

Wolfsschanze marqua un tournant. Hitler y séjourna pratiquement plus de cinq mois d'affilée[4]. Après une progression extrêmement rapide des troupes de la Wehrmacht sur le territoire soviétique, on allait assez vite se rendre compte que la victoire finale n'était pas pour tout de suite. Pire, le front allait devenir porteur de nouvelles de plus en plus mauvaises. Et cela n'allait qu'empirer. Le changement fut perceptible peu après le milieu de l'été. Les tensions qui pouvaient exister au sein du haut commandement militaire restaient encore confinées dans les salles de réunion où Hitler rassemblait tout son monde et dans lesquelles nous n'étions

4. Il n'est revenu à Berlin qu'à trois occasions, le 3 octobre, les 21 et 28 novembre. Le 8 novembre, il se rendit à Munich pour la réunion annuelle commémorant le putsch de 1923.

pas conviés. En revanche, le comportement du Führer se modifia légèrement.

Je n'ai connu Hitler qu'en tant que chef de guerre. Il n'empêche, ce n'est qu'à partir de l'offensive contre l'Armée rouge que son quotidien fut entièrement dicté par les événements militaires. Le Führer se mit à enchaîner les réunions et les entrevues à un rythme croissant. Le peu de temps restant, il alla le passer de plus en plus fréquemment dans ses appartements, retiré derrière la porte de sa chambre ou de son bureau. Les mois suivants, son quotidien allait devenir chaque jour un peu plus hermétique. Ses apparitions et déplacements étaient limités au strict minimum. Le soir, même si cela n'était pas encore très visible durant ce premier séjour dans son QG prussien, Hitler dînait avec un nombre toujours plus restreint de convives. Plus tard, dans les derniers mois de son existence, il ne sera pas rare de le voir manger seul à table, ou simplement avec une des secrétaires comme seule convive.

Au cours de cette seconde moitié de l'année 1941, j'ai dû pour ma part faire plusieurs allers et retours entre Berlin et Rastenburg. La durée de ces services variant à chaque fois entre deux et six semaines. Le trajet s'effectuait en avion, un JU 52 comme pour le Berghof. Je n'ai pas assisté à la visite de Mussolini au QG au cours de l'été [5].

---

5. Du 25 au 28 août 1941.

À la chancellerie, on m'avait changé de place. Je me suis retrouvé au rez-de-chaussée, tout près des cantines de Kannenberg, dans une chambre un peu plus spacieuse et dans laquelle se trouvaient un lavabo, un téléphone et deux lits dont un était réservé au projectionniste Erick Stein. L'endroit était agréable, plus à l'écart et du coup plus tranquille. J'étais soulagé également de ne plus devoir faire systématiquement attention à chacun de mes faits et gestes comme cela avait été le cas au premier étage à côté des appartements du « chef ». Hitler, m'avait-on dit, entendait tout, du moindre mouvement au bruit le plus infime.

Hitler séjourna à Berlin quelques jours au mois de décembre avant de repartir dans son QG [6]. Je crois que c'est à ce moment-là que j'ai vu se présenter à l'accueil, entouré de deux agents en civil, un moine en froc de bure, avec une ceinture blanche à la taille. Il portait une étoile de David sur la poitrine [7]. Personne n'est venu le fouiller. Quelqu'un de notre unité a appelé l'officier d'ordonnance, Otto Günsche très probablement. Celui-ci est immédiatement venu le chercher pour le conduire aux appartements du Führer. Les deux policiers n'ont pas bougé. Ils sont restés en bas, avec nous, le temps de l'entretien. L'homme d'Église a pu, d'après

---

6. Du 9 au 16 décembre 1941.
7. Le 1er septembre 1941, un décret obligea tous les Juifs âgés de plus de six ans à porter l'étoile de David.

ce que l'on m'a dit, s'entretenir quelques minutes avec Hitler avant de quitter la chancellerie. Je n'ai pas demandé de qui il s'agissait et les raisons de sa visite, cela ne se faisait pas. Je ne sais pas non plus ce qu'il est devenu. Je peux simplement affirmer qu'il n'est jamais revenu.

Le 20 janvier 1942 s'est tenue la conférence de Wannsee [8]. Je n'en ai rien su. Tout comme je n'ai entendu absolument aucune information concernant le nombre toujours plus important de Juifs déportés vers les camps de concentration de l'Est [9]. Bien sûr, nous savions que les camps de concentration existaient, mais nous n'avions pas la possibilité d'apprendre ce qui s'y passait. On n'en parlait pas. Pas un mot. Le sujet était tabou entre nous, circonscrit à un tout petit cercle entourant le Führer. Je pense que si quelqu'un parmi nous avait su quelque chose, il nous en aurait parlé. À un moment ou à un autre, il aurait craché le morceau, lancé la discussion. Mais là, rien. Nous n'avions pas accès à ce genre d'informations. Encore aujourd'hui, il m'est très difficile de comprendre comment de tels massacres ont pu être perpétrés dans un tel secret.

---

8. Conférence secrète dirigée par le chef de la sécurité Reinhard Heydrich où fut décidé d'appliquer la « solution finale » en réponse à la question juive.

9. En septembre 1941, suivant les recommandations d'Himmler, Heydrich et Goebbels, Hitler autorisa les déportations des Juifs d'Europe vers l'Est.

Mes séjours au QG de Rastenburg se suivaient et ne changeaient guère. L'hiver avait été rude, la situation sur le front se dégradait lentement, les victoires tournèrent en défaites, mais le quotidien à la Wolfsschanze restait identique aux mois précédents. Après un bref passage à Berlin, Hitler s'envola pour Berchtesgaden où il devait retrouver Mussolini [10]. La rencontre entre les deux hommes fut des plus cordiales. Le Führer et son hôte prenaient visiblement plaisir à se voir. Hitler était très loquace, visiblement en forme [11]. Le chalet du Berghof n'ayant pas suffisamment de place pour accueillir un nombre important d'invités, la délégation italienne fut conduite au somptueux château de Klessheim, un bâtiment au style baroque près de Salzbourg. C'est ici que les dirigeants du parti organisaient leurs réunions et cérémonies officielles lorsqu'ils étaient dans la région. Le soir après le dîner, nous sommes rentrés au Berghof. Le lendemain, Mussolini et ses chefs militaires sont venus nous rejoindre pour passer la journée dans la résidence alpine d'Hitler. Je ne crois pas avoir croisé Eva Braun au cours de ces entrevues.

C'est à peu près à cette période qu'Hitler m'a interpellé un jour pour me dire qu'il trouvait que j'avais mauvaise mine.

---

10. Le 25 avril 1942.
11. « Le principal objectif du Führer était de faire partager à Mussolini son optimisme sur la guerre de l'Est » (Kershaw, *op. cit.*, p. 742).

« Je me sens bien, lui ai-je dit. Mais j'ai toujours quelque chose au ventre...

– Eh bien, allez voir le docteur Morell ! » a-t-il répondu.

La phrase, d'apparence anodine, sonnait comme un ordre, venant de sa bouche. Quand le Führer énonçait des conseils de ce genre, généralement d'une façon on ne peut plus laconique, on avait intérêt à les suivre. Je suis donc allé voir Morell et lui ai expliqué les raisons de ma visite. Il m'a examiné sur-le-champ et envoyé en repos dans une ville de cure, à Karlsbad [12]. On peut dire que je n'avais pas le choix. Je me suis retrouvé là-bas alors que je me sentais plutôt en forme. Le docteur Morell savait parfaitement qu'il fallait suivre les indications du Führer.

Je suis revenu à Berlin vers la fin du mois de juillet. Hitler se trouvait tout près du front est, dans un QG que je ne connaissais pas encore. On m'a donné l'ordre de le rejoindre dans les plus brefs délais. J'ai sauté dans le premier vol, l'avion postal qui faisait la liaison quotidienne entre la capitale et les quartiers du Führer et de son entourage.

---

12. Ajourd'hui Karlovy Vary, en République tchèque.

Werwolf

Vers le milieu de l'année 1942, le QG du Führer fut déplacé en Ukraine, dans la région de Vinnits[1] (aujourd'hui Vinnitsa). C'est ici, dans ce nouveau lieu, ces nouveaux baraquements envahis par un froid glacial l'hiver, qu'Hitler allait, avec son QG de Prusse-Orientale, passer pendant de nombreux mois le plus clair de son temps.

Lorsque nous devions nous rendre en Ukraine en sa compagnie, notre équipe du commando décollait de Berlin avec un peu plus d'une heure d'avance sur le Condor qu'empruntait alors Hitler. Une organisation qui nous permettait d'arriver sur place juste à temps pour accueillir le Führer à la descente de son appareil, plus gros et plus puissant que nos JU 52.

Le QG ukrainien avait été installé dans une zone boisée. La plupart des baraques avaient été construites

---

1. La décision de rapprocher du front le QG du Führer fut prise à la fin juin. Hitler s'y rendra pour la première fois le 16 juillet en s'envolant directement depuis la Wolfsschanze en Prusse-Orientale. Ce QG se situe à 200 kilomètres au sud-ouest de la ville de Kiev.

avec des troncs d'arbres découpés. Un seul et unique
bunker avait été prévu pour le personnel et les proches
du Führer en cas d'attaque aérienne. Hitler, lui, avait son
blockhaus, un refuge en bois plutôt grand. Il possédait
une pièce de travail, un salon avec une cheminée, une
cuisine, une salle de bains, un petit espace pour le serviteur et une chambre à coucher aménagée succinctement.

À l'instar des autres quartiers du Führer, nous étions
entre six et huit membres du commando à nous relayer
de façon plus ou moins souple. Ici non plus, nous
n'avions pas à nous occuper du central téléphonique.
Le travail se limitait essentiellement à un exercice de
présence auprès d'Hitler. L'un d'entre nous devait être
en permanence disponible, dans son champ de vision
ou devant sa porte, prêt à réagir à la moindre occasion,
quelle que soit l'heure du jour et de la nuit. Dans les
faits, nous étions dans ces QG moins une unité de
gardes du corps en action qu'une poignée de badauds
immobiles (des *Zaungäste*).

Le cadre, même si j'ai souvent entendu de nombreuses critiques sur les installations et l'âpreté du
climat, était pour moi plutôt agréable. Nous avions du
temps libre et l'inconfort ne me dérangeait pas. J'étais
habitué à la vie à la campagne.

Pendant les moments d'inactivité, nous empruntions
assez souvent une voiture pour nous rendre dans les
fermes d'un petit village voisin, situé à dix minutes à
peine du QG. Les habitants étaient encore tous là, leurs
maisons n'ayant pas été évacuées par nos troupes. On y
faisait du troc. Je demandais à ma future épouse Gerda

de m'envoyer des paquets de sel et des aiguilles à tricoter que j'échangeais contre de l'huile de tournesol et parfois une oie. J'expédiais le tout dès le lendemain à Berlin dans un colis que je déposais au courrier de notre avion postal.

Le QG ukrainien a été rebaptisé *Werwolf*, «Loup-garou», par Hitler. C'est un «vieux» qui m'a alors expliqué cette manie qu'avait le Führer de glisser le mot *Wolf*, «loup», un peu partout. D'après lui, l'histoire remonte aux années 1920, bien avant sa prise de pouvoir. Hitler venait de terminer un important meeting dans une ville située quelque part en Allemagne. Il était tard. L'équipe de fidèles qui l'accompagnait avait la charge de trouver rapidement un hôtel pour que le «chef» aille se coucher. Ils essuyèrent plusieurs refus. Certains patrons d'établissement prétextaient un manque de place, d'autres annonçaient, à mots à peine couverts, ne pas vouloir pour des raisons idéologiques héberger le chef du parti national-socialiste. Ce n'était pas la première fois que cela se produisait. Tout le monde n'était pas sympathisant nazi, loin de là ! Mais ce soir-là, c'en était trop. Un des membres de l'escorte proposa tout simplement de ne plus utiliser le nom d'Hitler pour lui trouver une chambre. Quelqu'un suggéra le pseudonyme «Wolf» qui eut l'heur de plaire au «chef[2]». L'idée était lancée.

---

2. En 1919-1920, Hitler aurait choisi de répondre au nom de «Wolf» lorsqu'il travaillait comme informateur pour la Reichswehr. Il aimait à s'appeler ainsi parce que ce pseudonyme évoque la force et posséderait, soi-disant, une vague filiation commune avec Adolf.

Wolfsburg[3], la ville de Volkswagen, fut la première localité à prendre le pseudonyme du Führer. Vint ensuite la série des QG, à commencer par la *Wolfsschlucht* (le « Ravin du loup »), située près de la frontière franco-belge[4]. Puis Wolfsschanze et Werwolf sur le front est. Le nom semblait tellement coller à l'image d'Hitler qu'une familière, Winifred Wagner, n'hésitait pas à l'appeler parfois « Wolfi » en petit comité.

Werwolf fut, avec Wolfsschanze, le QG des défaites. C'est là que l'on a ressenti les premiers moments vraiment durs, ces échecs à répétition, toutes ces mauvaises nouvelles du front qui n'en finissaient pas. C'est là aussi où les dépêches tombaient les unes après les autres relayant presque inlassablement les bombardements de plus en plus lourds sur les villes allemandes. J'ai douté. J'avais l'impression qu'un rouleau compresseur allait s'abattre sur nous, qu'un feu roulant impossible à arrêter avançait dans notre direction. Toutefois, ces peurs ne s'exprimaient pas. Pas devant moi en tout cas. Dans les baraquements, les allées, les espaces communs, on sentait bien une tension sourde, latente, mais fortement perceptible par moments. Il arrivait bien sûr que des disputes éclatent, que des opinions divergent, qu'une rencontre ne se termine pas calmement mais jamais

---

3. Ville de Basse-Saxe fondée en 1938 par la réunion de plusieurs communes pour loger les ouvriers des usines automobiles.
4. Début juin 1940, Hitler déplace son QG d'Euskirchen (*Felsennest*, « Nid de roches ») à Bruly-de-Pêche (non loin de Bruxelles).

davantage. Malgré le désastre qui s'annonçait et dont nous ne pouvions alors qu'entr'apercevoir les contours, je n'ai jamais assisté à une véritable crise de nerfs, une scène d'hystérie ou un moment de consomption. J'ai le souvenir d'une vive explication entre Hitler et le haut commandement de la Wehrmacht. Je ne savais pas de quoi il s'agissait, mais en tout cas j'étais de service vers quatorze heures et la porte de la pièce dans laquelle la réunion avait lieu n'était pas complètement fermée. Une fois les généraux partis, une belle musique a soudainement surgi du bureau de travail d'Hitler. J'ai jeté un regard à travers la fenêtre et vu le Führer affalé dans un fauteuil, complètement absorbé par la mélodie et les paroles de la chanson que diffusait son phonographe à disques. Il avait l'air épuisé, presque triste. Le contraste avec la dispute énergique qui venait d'avoir lieu quelques instants auparavant était saisissant. Le valet de chambre est sorti à ce moment-là du baraquement. Je lui ai aussitôt demandé quel était le nom de ce chanteur que le Führer écoutait. Il m'a répondu qu'il s'agissait de Joseph Schmidt[5] !

---

5. Ténor d'opéra né en 1904 en Roumanie de parents juifs orthodoxes. Il débuta comme chantre de l'office juif. Il étudia le chant à Berlin en 1925 où il devient rapidement une célébrité des programmes radiophoniques. Reconnu et apprécié en Allemagne pour son timbre de voix exceptionnel et ses premiers rôles dans des films musicaux, il fuit l'Allemagne nazie en 1933. Ses disques seront néanmoins vendus dans les bacs des disquaires allemands jusqu'en 1938. « Le petit homme à la grande voix » meurt en 1942 dans un camp de réfugiés en Suisse.

Dans les premiers jours d'automne, Hitler s'absenta du Werwolf pour un court séjour à Berlin [6]. Peu avant ce départ, je ne me rappelle pas la date, j'ai assisté à une scène peut-être révélatrice de ce comportement souvent contenu et parfois glacial que pouvait adopter le Führer [7]. Ce jour-là, il était dehors, non loin de sa cabane. Il lisait des notes, debout sous un arbre, à l'abri des rayons du soleil. Il faisait chaud. À côté de lui, à quelques mètres, se tenait un de ses officiers d'ordonnance, Fritz Darges. Cet ancien aide de camp de Martin Bormann attendait patiemment, les mains dans le dos, qu'Hitler lui dise quelque chose. Quant à moi, je n'étais pas très loin, comme d'habitude. Une mouche est venue troubler la lecture du Führer. Elle s'est mise à tournoyer autour de lui. Visiblement agacé, Hitler gesticula avec son paquet de feuilles pour tenter de l'éloigner, en vain. La mouche revenait sans cesse. Fritz Darges se mit alors à sourire. Un léger rictus lui barra le visage. Il n'avait pas changé de position, ses mains étaient toujours dans le dos, la tête bien droite, mais il avait toutes les peines du monde à contenir son amusement. Hitler le remarqua. Il lui décocha sur un ton on ne peut plus sec : « Si vous n'êtes pas capable de me garder une telle bête à distance, cela signifie que je n'ai pas besoin d'un tel officier d'ordonnance ! » Hitler ne lui a pas dit qu'il était viré, mais Darges avait compris. Il fit ses valises quelques heures plus tard. Je crois savoir qu'il fut envoyé sur le front.

---

6. Du 28 septembre au 4 octobre 1942.
7. Aucune date plus précise n'a pu être trouvée.

Stalingrad

Hitler quitta l'Ukraine pour rejoindre son QG de Prusse-Orientale [1]. Il y resta quelques jours à peine avant d'effectuer un court séjour en Bavière [2]. De là, il décida de regagner en train spécial la Tanière du loup accompagné de son état-major général. On ne parlait plus que de la bataille de Stalingrad. Les offensives soviétiques enfonçaient de plus en plus nos lignes et les premiers froids de l'hiver n'annonçaient rien de bon. Chaque jour, la situation semblait se dégrader inexorablement [3].

J'étais de service un matin, en faction devant le baraquement d'Hitler. Il venait de prendre son petit déjeuner,

---

1. Le 1er novembre 1942.
2. Du 8 au 22 novembre, Hitler séjourna à Munich et passa quelques jours au Berghof.
3. Le 19 novembre, les forces soviétiques déclenchent leur offensive autour de Stalingrad, occupée en partie par les soldats allemands. Le 25 novembre, la VIe armée du général Friedrich Paulus se retrouve totalement encerclée.

seul à sa table. Bussmann, son valet de chambre, est alors sorti de la pièce pour me demander d'aller chercher le général Paulus qui se trouvait dans l'enceinte du QG[4]. « Il peut venir maintenant voir le chef », précisa-t-il. Je me suis d'abord rendu chez Keitel, où il ne se trouvait pas. L'officier d'ordonnance du maréchal qui était là me conseilla d'aller voir au Casino. J'y suis allé, ai croisé le serviteur de Paulus qui m'a dit qu'il était disponible. Je me suis alors présenté devant ce général dont on parlait tant et lui ai demandé de venir chez le Führer en prononçant ces quelques mots : « Herr General Oberst, veuillez bien me suivre, le Führer vous attend. »

Ce jour-là, la température avait baissé d'un cran. Paulus portait un très long manteau qui tombait presque jusqu'aux chevilles. Je l'ai accompagné devant la porte du bunker de travail du Führer. Bussmann, avec qui j'étais plutôt en bons termes, se trouvait à l'intérieur et s'occupait du service. Il a tout entendu. À intervalles plus ou moins réguliers, il sortait de la pièce et venait me raconter ce qu'il s'y disait.

Hitler et Paulus étaient assis autour de la table. Leur conversation a duré environ trois quarts d'heure. Il n'y avait pas de sténographe. Paulus aurait d'abord fait un point de la situation qui prévalait à Stalingrad. Ensuite, il aurait longuement défendu l'idée d'un retrait de ses troupes de la ville pour rejoindre l'armée de Kleist

---

4. La date précise pourrait remonter au tout début novembre.

regroupée dans le Caucase. Le Führer, qui s'était toujours opposé à une telle option, aurait, ce matin-là, fini
par se rallier aux arguments du général. « Ils viennent
de discuter sur un repli stratégique du front est, m'a
assuré Bussmann de vive voix. Ils se sont mis d'accord
sur ce point. » Bussmann a même précisé avoir entendu
Hitler affirmer qu'il fallait mettre en œuvre un tel repli
« assez rapidement, sinon il sera trop tard ».

À midi, les deux hommes ont mis fin à leur discussion
pour rejoindre la réunion militaire quotidienne. Elle
commença avec retard, peu après douze heures trente.
Tous les chefs de l'état-major étaient là, les Keitel, Jodl,
Göring, l'amiral Raeder ou peut-être même encore
Dönitz, Warlimont et Zeitzler. Difficile de tous les citer
de mémoire.

Je suis resté devant le baraquement jusqu'à quatorze
heures environ. Après qu'un camarade m'a relevé, j'ai
dû faire une petite balade avant de revenir vers seize
heures m'asseoir au Casino. De là, j'ai pu voir que la
réunion n'était toujours pas terminée. Il a fallu attendre
dix-huit heures pour voir les premiers participants
sortir de la salle. Certains d'entre eux choisirent de
s'installer autour d'un verre et de grignoter un morceau. Ils se sont mis à parler. J'ai vite compris que deux
camps s'étaient opposés depuis le début de l'après-
midi. D'un côté, Göring défendant l'idée qu'il fallait
coûte que coûte tenir les positions, surtout ne pas quitter
la Volga, « artère vitale de l'URSS », selon ses propres
termes. De l'autre, Paulus demandant inlassablement

l'autorisation d'abandonner dans les plus brefs délais les positions qu'il occupait à Stalingrad avec sa VIᵉ armée. Au bout de plusieurs heures de débat intense, Hitler changea finalement son fusil d'épaule et vint se ranger derrière l'avis de son commandant en chef de la Luftwaffe. Les arguments de Göring selon lesquels l'occupation de la partie sud de la Volga empêcherait Staline d'accéder aux réserves pétrolières de la mer Caspienne, et donc de poursuivre la guerre, avaient, semblait-il, fini par convaincre le Führer. Il fut décidé que les troupes allemandes ne céderaient pas d'un pouce. Les routes énergétiques devaient rester entre leurs mains, seul moyen d'assurer la victoire finale [5].

Paulus n'a rien laissé paraître en sortant de la réunion. Le général, comme à son habitude, est resté économe en paroles et sobre de gestes. Son visage était fermé, l'expression empreinte de gravité, mais pas abattu. Il monta sans perdre un instant dans sa voiture rejoindre le QG de la Wehrmacht situé non loin de là, dans la forêt de Mauerwald.

Les semaines précédant la chute de Stalingrad ont été éprouvantes. Chaque jour dans les quartiers de la Wolfsschanze, la tension était un peu plus soutenue. À tel point que l'annonce de la fin des combats ne m'a

---

5. Göring avait également assuré qu'il était possible de soutenir les troupes de Stalingrad par les airs malgré les très mauvaises conditions climatiques. Ce qui s'avéra totalement irréaliste.

pas marqué au point que je m'en souvienne [6]. L'agonie de l'armée de Paulus affecta nos esprits sur la durée. Hitler, lui, ne laissa rien paraître. À l'extérieur en tout cas. D'après ce que j'ai pu en voir, le Führer ne modifia nullement son comportement et ses habitudes durant cette période. Il paraissait toujours aussi sûr de lui, avare en confidences et volontaire [7]. Les moments de solitude et d'isolement, ces périodes de plus en plus longues passées seul dans le salon ou la pièce de travail de son baraquement, certes augmentaient, mais la tendance avait déjà été perceptible l'année précédente. Seuls ses voyages en Allemagne se firent plus rares.

---

6. Le 31 janvier, Paulus capitule. Le 2 février 1943, le dernier carré de soldats dépose les armes. Le 3, la nouvelle fait la une des journaux. Le pays est profondément ébranlé. Pour les réactions en Allemagne, voir Kershaw, *op. cit.*, p. 796-800.
7. Sur les convictions des proches d'Hitler en ce début d'année 1943, voir Below, *op. cit.*, p. 328.

« Meilleurs vœux »

J e suis rentré à Berlin pour célébrer mon mariage avec Gerda le jour de la Saint-Sylvestre, en 1942. Un moment de joie bienvenu alors que la bataille de Stalingrad vivait ses dernières heures. Karl Tenazek, l'autre « jeune » du commando, fut mon témoin et Helmut Beermann, qui travaillait et faisait parfois affaire avec la Mitropa, nous a rapporté de Paris nos alliances ainsi que le voile de mariée.

En guise de cadeau de félicitations, nous avons reçu quarante bouteilles de vin de la part des services de la chancellerie. Une sélection de grands crus établie par monsieur Fechner, le sommelier de la maison. Âgé de soixante-seize ans, ce fin connaisseur choisissait déjà les vins pour l'empereur Guillaume II. Pour Gerda et moi, il s'était rendu lui-même à Potsdam, là où se trouvaient les caves et les réserves de la chancellerie du Reich, pour chercher les bouteilles, dont sept dataient de 1921, « quelque chose d'exceptionnel », avait-il précisé. Une petite carte tout ce qu'il y a de plus classique accompagnait le présent. On pouvait y lire un mot écrit de la main du Führer : « Meilleurs vœux », signé « Adolf Hitler ».

Nous avons bu deux bouteilles sur le coup et enterré les autres dans le jardin de la maison. Une précaution de l'époque qui voulait que l'on enfouisse les objets fragiles et de valeur en prévision des bombardements aériens. Nous avons renouvelé l'opération dans le petit terrain jouxtant notre nouvel appartement où nous avons emménagé peu de temps après. J'ai eu droit, après le mariage, à un « bon de logement » émis par les services de la chancellerie. Un policier, Friedrich, nous a aidés à trouver un appartement à Karlshorst, un quartier résidentiel encore épargné par les raids aériens situé dans l'Est berlinois, entre Treptow et Lichtenberg. Nous sommes tombés sur un trois pièces qui nous plaisait. Le loyer de 87 reichsmarks était pris en charge par la chancellerie.

J'ai dû retourner dans le QG de Prusse-Orientale vers la mi-janvier. À partir de cette période, les dates deviennent de moins en moins précises dans mes souvenirs. Hitler était présent de façon quasi permanente. Il ne bougea pas, ou si peu. Avec le recul, j'ai l'impression que le Führer passa toute l'année 1943 et une partie de 1944 dans ses quartiers de la Wolfsschanze. Hormis les séjours au Berghof, quelques visites en Ukraine et de rares moments dans la chancellerie berlinoise, il vécut de très longs mois retiré dans cette forêt près de Rastenburg[1].

---

1. Depuis les derniers mois de l'année 1942, Hitler exerçait de moins en moins ses fonctions de chancelier. Goebbels déplora, durant

Entre nous, au sein du Begleitkommando, une certaine agitation était perceptible. Une poignée d'«anciens» avaient exprimé le désir de rejoindre le front. Ils voulaient se battre, montrer qu'ils étaient capables de quelque chose, d'affronter l'ennemi plutôt que de rester les bras croisés indéfiniment dans un QG. Hitler ne les a pas retenus. «Que voulez-vous que je fasse ? répétait-il. Je ne peux pas leur dire non !» Au moins cinq camarades, dont Bruno Gesche, sont ainsi partis rejoindre une unité de combat[2]. Trois d'entre eux sont tombés très rapidement. Le vieux Rüß fut de ceux-là.

Otto Günsche, lui, est parti combattre dans la SS-Leibstandarte Adolf Hitler au cours de l'année 1943[3]. Il venait à peine d'être promu au poste d'aide de camp personnel du Führer. À lui non plus, pourtant, Hitler n'a rien dit. Il a juste fait comprendre au général de la Waffen-SS, Sepp Dietrich, qu'il lui prenait ses meilleurs éléments. Günsche est finalement revenu au bout de quelques mois. Il fera partie de ceux qui resteront auprès du «chef» jusqu'à la fin.

Je n'ai pas remarqué de fatigue particulière ni de dégradation physique de l'état d'Hitler. Toutefois, je

---

toute cette période, un «manque total de direction dans la politique intérieure allemande» et une inquiétante «crise d'autorité». Voir Joseph Goebbels, *Derniers Carnets*, traduit par J.-M. Gaillard-Paquet avec une présentation de Michel Tournier, Paris, Flammarion, 1977.

2. Gesche, chef du Begleitkommando, rejoignit le front beaucoup plus tard, vers la fin de l'année 1944. Il sera remplacé, le 5 janvier 1945, par son adjoint Franz Schädle.

3. D'août 1943 à février 1944.

n'étais très certainement pas le meilleur des obser-
vateurs [4]. J'ai mis, par exemple, du temps avant de
m'apercevoir que sa main gauche tremblait [5]. Je crois
que, à force d'être en contact quasi permanent avec
une même personne, on finit par ne plus vraiment
remarquer les changements d'apparence qui peuvent
survenir de façon progressive. Le temps et la proximité
nivellent certainement le jugement.

4. Au mois de mars 1943, Göring aurait estimé que le Führer semblait avoir vieilli de quinze ans depuis le début de la guerre (Goebbels,
op. cit., 2 mars 1943).
5. Kershaw cite le général Heinz Guderian qui fut frappé de voir
Hitler, en février 1943, « vieilli », ayant du « mal à trouver ses mots » et
une « main gauche qui tremblait ».

Cuisinière « non aryenne »

Hitler était végétarien. Toutefois, il lui arrivait de ne pas respecter à la lettre les règles diététiques qu'il s'était fixées. Je l'ai moi-même observé en train d'avaler de la charcuterie et certains vieux m'ont affirmé qu'il appréciait, dans un passé pas si lointain, de manger parfois une bonne volaille. Ce n'est que plus tard, dans les toutes dernières années, que le Führer exclut la viande de façon systématique de son alimentation. À table, il lui arrivait en plus de suivre certaines cures particulières. Je l'ai vu, par exemple, manger du mil alors que d'autres convives se partageaient les pommes de terre sautées.

Lorsque j'ai intégré le commando, la cuisinière attitrée d'Hitler s'appelait madame Scharfitsel. Elle travaillait sous les ordres de l'intendant Kannenberg. Un jour, très probablement au cours du printemps 1943, celui-ci l'a renvoyée. Certains membres du personnel de la chancellerie s'étaient plaints auprès de lui parce qu'ils reprochaient à madame Scharfitsel de voler régulièrement de la nourriture dans les cuisines. C'était une période où les gens étaient de plus en plus préoccupés par les rations alimentaires. Très souvent, les sujets de conversation tournaient autour des restrictions et des privations qui allaient accompagner ces mesures. Moi-même, il m'est arrivé de subtiliser discrètement quelques tranches de beurre dans le grand saladier dans lequel elles étaient conservées au frais avec des glaçons. D'ailleurs, peu de temps après le renvoi de madame Scharfitsel, Hitler décida de se limiter à deux petits carrés de beurre dans l'assiette par repas.

Madame von Exner s'installa aux fourneaux quelque temps plus tard. Cuisinière autrichienne de la ville de Vienne, elle fut embauchée pour préparer les plats végétariens du Führer. Au bout de quelques mois à peine, elle dut pourtant remettre son tablier. Les services de police auraient découvert qu'elle avait eu une grand-mère juive, et donc qu'elle n'était pas « conforme » au code aryen en vigueur. C'est en tout cas ce qui se disait entre nous [1].

Je sais que j'ai été observé par le Service de sécurité du Reich durant mes premiers mois à la chancellerie. Au moins pendant mes quatre mois « d'essai ». Après cette période, je ne peux rien dire. Je sais seulement que notre courrier était surveillé. Un jour, un membre du RSD est venu avec une enveloppe qui m'était adressée. Il m'a demandé pourquoi je recevais pareille

---

1. « Faire préparer le repas d'Hitler par une "quart de juive" était chose impossible ! » (Schroeder, *op. cit.*, p. 132). Selon la secrétaire, Hitler attendit jusqu'en février 1944 pour la renvoyer.

lettre. Elle provenait d'une amie, une vieille connaissance rencontrée un jour dans un centre de cure en
Bavière et avec qui j'avais entretenu une relation épis-
tolaire. Elle était mariée à un commissaire de police.
Celui-ci avait été muté dans la ville de Düsseldorf. Visiblement, elle n'hésitait pas à utiliser les enveloppes de
son mari sur lesquelles on pouvait nettement reconnaître
le cachet du service où travaillait son mari. Un sigle
officiel qui manifestement intriguait.

J'étais à Berlin le jour où l'«oncle Paul» fut arrêté
par des hommes de la Gestapo. Ils le conduisirent au
camp de concentration de Sachsenhausen où il fut
enfermé. Ses amis sont immédiatement allés voir ma
femme Gerda pour lui raconter les circonstances dans
lesquelles il avait été embarqué. Elle m'a tout de suite
appelé. J'ai su immédiatement à qui je devais m'adresser.
Je me suis rendu sans attendre dans le bureau de Karl
Wolff, le très influent bras droit d'Himmler [2]. Il était là.
Je lui ai dit d'emblée que l'homme arrêté par ses services
il y a quelques heures était un proche, une personne
pratiquement membre de la famille et qu'il n'avait rien
à voir avec un quelconque parti ou organisation d'opposition. J'ai clairement précisé qu'il avait effectivement
été à un moment de sa vie engagé politiquement en
tant que membre du SPD, mais qu'aujourd'hui il n'avait
plus rien à voir avec tout cela. C'était le passé. «J'en

---

2. Le général de division Karl Wolff fut envoyé par Himmler en
février 1943 en Italie pour y diriger la police et les sections SS.

mettrais ma main au feu», lui ai-je lancé. Avant que je ne quitte la pièce, Wolff m'a juste promis qu'il allait s'en occuper.

Une semaine plus tard, «oncle Paul» fut libéré. À la maison, lui et sa femme m'ont remercié. Je lui ai demandé comment s'était déroulé son séjour en captivité dans le camp de Sachsenhausen. Il m'a répondu que le pire, le plus désagréable pour lui, avait été les chemises que l'on passait aux prisonniers. Elles étaient comme du papier. Il n'a rien dit d'autre. Rien. À moi, en tout cas.

Pour ma part, je crois ne pas avoir été soupçonné. En tout cas, je n'ai pas été inquiété. À aucun moment.

Peu avant l'été 1943, Hitler séjourna au Berghof. Je n'ai pas assisté à la réunion où plusieurs personnes s'étaient rassemblées à l'heure du thé autour du Führer, dont Baldur von Schirach, le gauleiter de Vienne, et sa femme Henriette, fille du photographe Heinrich Hoffmann [3]. Je ne sais pas ce qui s'y est dit et le sujet n'a pas été évoqué entre nous par la suite. Ce que je peux dire, en revanche, c'est que Baldur von Schirach s'est retrouvé en tête à tête avec Hitler sur le balcon peu de temps après. Henriette, elle, n'est plus apparue aux côtés du Führer.

---

3. Henriette von Schirach aurait évoqué devant Hitler les mauvais traitements subis par des déportées juives à Amsterdam. Un thème que tous évitaient en sa compagnie. Elle dut quitter le Berghof le lendemain, le 24 juin 1943. Voir, au sujet de cette visite, Henriette von Schirach, *Der Preis der Herrlichkeit*, Munich, Herbig, 2003, p. 288-294 et Traudl Junge avec Melissa Müller, *op. cit.*, p. 101.

Bombes britanniques,
artillerie soviétique

Les bombardements redoublaient d'intensité [1]. J'avais une ligne directe entre la chancellerie et la maison, ce qui me permettait de prévenir ma femme suffisamment à l'avance en cas de raid aérien. Lorsque je tombais sur un bulletin militaire annonçant une attaque, je gagnais ainsi cinq à dix minutes sur les sirènes de la sécurité civile. Gerda alertait à son tour une famille voisine de quatre enfants. Il lui suffisait pour cela d'appuyer sur un simple bouton installé dans le salon par Hermann Gretz, le technicien de la Poste. Une sonnerie retentissait alors dans leur appartement grâce à un câble électrique. Ensemble, ils allaient alors se mettre à l'abri dans un des bunkers construits aux alentours.

Nous étions informés très rapidement des intentions britanniques dans les QG de Prusse-Orientale et d'Ukraine. Nous y recevions des messages transmis par

---

1. Fin juillet 1943, la Royal Air Force mène des attaques aériennes d'une ampleur jusque-là inégalée contre de nombreuses villes allemandes.

radio signalant si une formation aérienne allait prendre Berlin comme cible ou non. Ces renseignements provenaient des services secrets allemands qui avaient leurs propres contacts en Grande-Bretagne.

Au mois de septembre 1943, j'ai accompagné Hitler au QG du groupe des armées du Sud à Zaporojie (aujourd'hui Zaporijjia), sur le Dniepr, à 250 kilomètres au sud de Kharkov en Ukraine [2]. Le voyage s'est déroulé en avion. Le Führer souhaitait vivement rencontrer le général Erich von Manstein pour s'entretenir avec lui de la situation, qui semblait de plus en plus critique sur cette partie du front. Une caserne d'aviation soviétique servait de base de vie. Nous dormions sur des matelas à même le sol. Il faisait déjà étonnamment froid pour cette période de l'année.

Le Führer avait prévu de rester cinq jours sur place. Il partira au bout du troisième, sous la menace des tirs d'artillerie soviétique qui se rapprochaient dangereusement. C'était pour moi la première fois que j'entendais de si près le bruit de la guerre. Hitler parti par la voie des airs en direction de son QG de Prusse-Orientale, j'ai été désigné avec Paul Holz, un autre camarade du commando, pour rester une nuit supplémentaire dans ce QG de Zaporojie. Ensemble, nous devions contrôler que le Führer et son état-major personnel n'avaient rien oublié dans la précipitation. Ce devait être la dernière fois qu'Hitler foula le sol de l'Union soviétique.

---

2. Le 8 septembre 1943.

Préoccupé par le front est, le Führer fit à Berlin de brefs séjours. Fin 1943, alors qu'il se trouvait pour une raison ou une autre dans la capitale, j'ai accompagné la réalisatrice Leni Riefenstahl dans les couloirs de la chancellerie [3]. Elle était venue dans la ferme intention de s'entretenir avec lui. C'était une période durant laquelle trois de ses collaborateurs filmaient inlassablement les moindres recoins de la chancellerie. Le jour de sa visite, elle portait un costume beige avec une jupe. Elle n'avait pas de chapeau. Je l'ai conduite jusqu'à l'aile des aides de camp, dans le bureau de Schaub. Il lui a alors dit avec son fort accent bavarois : « Ah ! tu viens encore demander de l'argent ! » Elle a souri. Leni Riefenstahl s'est ensuite installée et patienta une bonne demi-heure avant de repartir sans avoir vu Hitler. Il ne l'a pas reçue. Je ne saurais dire pourquoi, mais je peux certifier qu'il était bel et bien là, présent dans ses appartements, à quelques mètres à peine de la pièce dans laquelle nous nous trouvions.

La période de Noël était relativement calme. Je travaillais au standard de la chancellerie et Hitler devait être dans son QG de la Tanière du loup. Nous étions deux ou trois, un soir, à nous tourner les pouces. Les appels téléphoniques étaient rares et le bulletin de la situation militaire indiquait qu'il n'y aurait pas de raid aérien dans les prochaines heures sur Berlin. On a commencé à blaguer, à jouer avec les lignes de téléphone.

---

3. Date très incertaine.

Nous avons cherché dans l'annuaire les coordonnées d'une femme portant le nom d'Heilig («Sacré») et celles d'un homme s'appelant Abend («Soir»)[4]. Le central était en mesure de relier n'importe quel numéro à un autre, où qu'il soit. Au quatrième essai, une communication fut établie. «Bonjour, ici Heilig», «Ici Abend, que voulez-vous?» Nos casques nous permettaient d'écouter la conversation en toute discrétion. Au bout d'un certain temps, les deux se sont donné rendez-vous. Monsieur Abend proposa de venir avec un peu de nourriture que lui envoyait régulièrement son frère stationné en France. Madame Heilig semblait avoir elle aussi des choses à manger et promit de préparer un gâteau. Cette «rencontre en ligne» nous a bien fait rire.

---

4. *Heiligabend* signifiant en allemand «soir de Noël».

Eva Braun catholique

J e suis retourné au QG de Rastenburg quelques semaines plus tard. Pas pour longtemps. Au début de l'année 1944, il fut rapidement décidé de déplacer les quartiers du Führer à Berchtesgaden, au Berghof [1]. À cette période, il était de plus en plus fréquent d'observer dans le ciel les formations alliées survoler nos installations. Bien que les baraquements de la Wolfsschanze ne furent jamais pris pour cible par un raid aérien, on ne pouvait plus exclure une telle éventualité. Il devenait donc urgent de renforcer les constructions. Hitler quitta la Prusse-Orientale en embarquant dans son train spécial, accompagné de tout l'état-major. Il demeurera au Berghof jusqu'à la mi-juillet.

Au total, j'ai dû passer plus de six semaines dans le chalet alpin de l'Obersalzberg. Une période paisible, de relative tranquillité. Hitler recevait beaucoup.

---

1. Le 22 février 1944.

Goebbels, Göring, Speer, tous sont venus le voir là-haut. Les réunions se multipliaient et les invités, qu'ils soient officiels ou non, se succédaient à un rythme soutenu, surtout au début. L'après-midi, sur la terrasse du Berghof, il n'était pas rare de voir des enfants jouer, des proches du Führer et d'Eva se prélasser dans les transats, s'abandonnant nonchalamment sous le soleil. Avant d'arriver à Berchtesgaden, le train fit une halte à Munich [2]. Je crois que c'est à cette occasion que j'ai accompagné Hitler au cours d'une visite dans l'atelier de l'architecte d'intérieur Gerdy Troost. Il venait voir les préparatifs d'une exposition qu'elle préparait pour un bâtiment du Führer. Pendant qu'ils déambulaient ensemble au milieu des maquettes, j'attendais patiemment à l'accueil. J'ai engagé la conversation avec une fille qui travaillait aux vestiaires. Peu avant de partir, elle m'a dit vouloir prendre un verre avec moi après son travail. J'ai décliné l'invitation en lui expliquant que j'étais de service et que le Führer avait prévu de passer la soirée avec ses anciens compagnons de route du parti. En un instant, son visage est devenu triste, comme empourpré. C'est à ce moment-là qu'Hitler passa juste à côté d'elle. Surpris, il lui demanda ce qui la mettait dans un tel état. « Je voulais aller avec lui », répondit-elle en me pointant du doigt. Hitler s'est

---

2. Le 24 février au soir, Hitler prononça un discours à la brasserie Hofbräuhaus devant des anciens du parti.

aussitôt mis à crier « Gesche, Gesche ! » qui rappliqua sur-le-champ. « Cet homme est libre tout de suite ! » ordonna-t-il en me désignant du regard. J'ai rejoint les autres membres du commando un peu plus tard, après le dîner, dans l'immeuble qu'occupait le Führer, au 16, Prinzregentenplatz.

Durant les premiers jours au Berghof, le Führer paraissait en forme. Pas le moindre signe d'un quelconque manque de confiance ou d'un éventuel défaitisme quant à l'issue de la guerre n'était visible chez lui. Hitler parlait abondamment avec ses hôtes. Les réceptions se succédaient. Dans les jours qui ont suivi son passage à Munich, j'ai dû accompagner le Führer lors de la visite du chef de l'État hongrois, l'amiral Horthy, venu jusqu'à Berchtesgaden [3]. Un entretien en tête à tête eut lieu au château de Klessheim. Derrière la porte de la salle, on entendit clairement la voix d'Hitler s'élever à plusieurs reprises. Il est sorti le premier. Son visage n'exprimait rien de bon. Le lendemain de cette rencontre à huis clos, les troupes allemandes occupèrent la Hongrie [4].

Un soir, Hitler a tenu un discours important devant ses généraux. J'ai le souvenir d'une assemblée regroupant près de deux cents gradés, tous conviés à rejoindre le Führer sur l'Obersalzberg, un peu plus haut, au

---

3. Le 18 mars 1944.
4. Le 19 mars 1944.

Platterhof, le grand hôtel voisin du Berghof[5]. Le chancelier était sombre. La gravité du ton, des paroles, et la façon qu'il eut cette nuit-là de s'adresser au public avec componction m'ont marqué. À certains moments, on pouvait croire qu'il avait les larmes aux yeux. Il parlait du front, celui de l'Est, mais aussi celui de l'Ouest qui n'allait pas tarder à s'ouvrir[6].

Au cours de mes séjours au Berghof, j'ai découvert qu'Eva Braun était catholique comme moi. Nous n'en avons jamais parlé ensemble, mais je savais qu'elle allait parfois se recueillir dans l'église de Berchtesgaden. Je m'y rendais aussi de temps à autre avec Karl Weichelt ou Karl Tenazek, deux proches du commando, jamais avec elle. Nous n'étions pas plus de trois ou quatre personnes appartenant à l'entourage proche du Führer à nous rendre ainsi à la messe[7]. Bien que croyant, je ne portais toutefois pas de chapelet sur moi[8]. Hitler, lui,

---

5. Utilisé parfois par les soldats de la SS comme caserne.

6. Depuis des semaines, Hitler était convaincu qu'un débarquement anglo-américain allait se produire sur les côtes françaises dans les tout prochains mois. Il était persuadé d'avoir les moyens de le repousser.

7. Interrogé par Uwe Bahnsen et James P. O'Donnell, le curé de l'église de Berchtesgaden confirme avoir vu plus ou moins régulièrement Misch, Sepp Dietrich et aussi « mademoiselle Braun ». Voir leur remarquable ouvrage : *Die Katakombe*, Hamburg, Rowohlt, 2004 (p. 479 et 480).

8. Bahnsen et O'Donnel, *op. cit.* : Johannes Hentschel, chef ingénieur des machines de la chancellerie (plus tard actif dans le bunker), avait déclaré à propos de Misch qu'il était à ses yeux « le seul garde SS qui portait un chapelet et priait ».

était de confession catholique mais ne fréquentait les églises que pour des raisons officielles[9].

Au chalet, mis à part les réunions faisant le point sur la situation militaire, les journées se déroulaient suivant le schéma plus ou moins régulier qui avait eu cours quatre ans auparavant lorsque j'ai débarqué pour la première fois au Berghof. Le petit déjeuner tardif, la balade dans la montagne, le rituel du thé, la projection d'un film ou d'actualités cinématographiques et la veillée autour de la fameuse cheminée jusqu'à trois ou quatre heures du matin : rien n'avait changé. Les discussions entre proches abordaient toujours de nombreux sujets mais évitaient toutes questions relatives à la politique et à la conduite de la guerre[10].

Après le débarquement des Alliés en Normandie, le Führer s'est rendu quelques jours en France, près de Metz[11]. Je n'étais pas du voyage. À la fin du mois, une nouvelle grande offensive de l'armée soviétique avait commencé sur le front est[12]. Après plus de quatre mois

---

9. Hitler confia à maintes reprises à certains de ses proches qu'une fois la guerre terminée il s'attaquerait aux Églises chrétiennes. Selon lui, elles n'avaient pas leur place dans la future Allemagne. Toutefois, pendant la guerre, il tenta de calmer les ardeurs des plus anticléricaux (Bormann et Goebbels) pour ne pas risquer de voir se développer l'hostilité des pratiquants.

10. D'après Below (*op. cit.*, p. 370), Hitler évoqua lors de plusieurs conversations nocturnes son combat contre les Juifs et les bolcheviques mais en des termes très généraux.

11. Le 16 juin 1944.

12. Le 22 juin 1944.

passés dans son chalet, Hitler décida de rejoindre son QG de Prusse-Orientale. Je n'ai pas assisté aux jours précédant son départ du Berghof[13]. Ce devait être la dernière fois qu'il y séjourna.

---

13. Le 16 juillet 1944.

Le 20 juillet 1944

J'étais à Berlin au début de l'été. Avec mes camarades, on se relayait continuellement à la chancellerie. Même quand Hitler n'était pas là, je devais passer au moins deux nuits par semaine sur place. Dès que l'occasion se présentait, je rentrais à la maison. Gerda avait cessé toute activité professionnelle pour s'occuper pleinement de notre toute petite fille Brigitta, née le 11 avril. Ma femme avait travaillé toutes ces années au ministère de l'Économie avant d'accepter un poste de secrétaire auprès d'un professeur d'université. Nous n'avions pas beaucoup de temps pour nous, Gerda et moi.

On ne parlait pas des événements. Dans nos conversations, ma femme et moi n'évoquions ni la situation militaire ni mon travail quotidien auprès d'Hitler. Ou si peu. Même si aujourd'hui ce comportement peut paraître pour le moins étrange, personne même parmi nos proches n'abordait ces questions. Il n'y avait pas de raison à cela. La peur des soldats russes, elle non plus, n'était pas un sujet de conversation. Et même notre voisin que nous croisions fréquemment et qui possédait un exemplaire de *Mein Kampf* dans sa bibliothèque n'a pas cherché à en savoir plus.

En revanche, un thème plus général comme la fin de la guerre était fréquemment abordé au sein de ma belle-famille, surtout avec le père de Gerda. Nous en avions discuté dès l'année 1943. Je crois que c'est à partir de ce moment-là qu'il était devenu évident pour nous que l'Allemagne n'allait pas sortir victorieuse du conflit. Après Stalingrad, le pays ne semblait plus en mesure de gagner la guerre comme l'aurait souhaité le Führer.

On se disait d'ailleurs pratiquement la même chose à la même période avec mon petit cercle de camarades les plus proches. Parfois, il nous arrivait de remonter jusqu'au naufrage du cuirassé *Bismarck* lorsque nous énumérions toutes ces défaites et destructions qui n'en finissaient pas. Avec d'autres du commando, il était souvent question de traîtrises, d'actes de sabotage. Je me souviens très bien encore des photos qui circulaient à la chancellerie peu après le débarquement des Alliés. On y voyait un commandant de la Wehrmacht, un responsable, disait-on, de la défense de Cherbourg ou de cette région, en train de trinquer, souriant, entouré de deux soldats britanniques. Ce gradé n'avait pas tiré un seul coup de canon, d'après un camarade. Toujours selon lui, les clichés avaient été fournis par l'ambassade de Suède.

Le 20 juillet au petit matin, j'ai débarqué en train à Berlin, après quelques jours passés au QG de la

Wolfsschanze. Je suis allé dans le bureau d'Otto Meissner pour lui remettre le courrier avant de rentrer à la maison et me reposer sur le canapé. Peu de temps après, Gerda me réveilla brusquement en me disant que la RK (*Reichskanzlei*, « chancellerie ») était au bout du fil. « C'est très urgent », ajouta-t-elle. J'ai pris le combiné. Une voix m'a demandé de revenir immédiatement à la chancellerie. J'ai à peine eu le temps de demander ce qui se passait. « Il n'y a rien, insista la voix dans l'écouteur. Tu dois venir tout de suite ! Tu comprends ! » Je me suis donc rhabillé en vitesse avant de sauter dans une de nos voitures venue me chercher.

On m'a déposé devant l'entrée de la chancellerie au milieu de l'après-midi. Des groupes de soldats étaient dans la rue. Une fois passé la porte, je fus littéralement cueilli par l'agitation qui s'était emparée des lieux. Le personnel, les gardes, les policiers, tous couraient en ordre dispersé, à l'étage, au rez-de-chaussée, dans les jardins, partout[1]. Les appartements du Führer étaient occupés par notre Begleitkommando. Les troupes du commandant Otto Ernst Remer, le Wachbataillon Berlin (le « bataillon de gardes »), étaient là elles aussi. D'après ce que je parvenais à comprendre, elles s'apprê-

---

1. Une bombe déposée par le colonel Claus Schenk Graf von Stauffenberg explosa à douze heures quarante-deux dans la salle de réunion du QG de la Wolfsschanze. Hitler ne fut que légèrement blessé (tympans déchirés, écorchures aux bras et sur le front). L'information sera transmise à Berlin quelques minutes à peine après la déflagration.

J'étais garde du corps d'Hitler

taient à occuper très rapidement la maison de Goebbels située juste derrière, près de la porte de Brandebourg. Un membre de leur unité est venu me dire que l'on avait besoin d'aide au central téléphonique. Des camarades étaient déjà à l'œuvre. Je me suis installé à côté d'eux où j'ai pu vérifier que toutes les lignes marchaient parfaitement. Ils m'ont raconté brièvement ce qu'ils savaient de l'attentat. Hitler était en vie et ils venaient à l'instant d'établir une communication entre le bureau de Goebbels et la Tanière du loup[2]. Une demi-heure plus tard, les derniers hommes de Remer quittaient la chancellerie. Vers vingt heures, je suis monté avec le courrier dans le train postal qui faisait la liaison quotidienne avec le QG du Führer.

Il était sept heures du matin lorsque je suis arrivé à la Wolfsschanze. Une fois à l'intérieur de la zone de sécurité, j'ai été surpris par le calme qui y régnait. On aurait pu croire qu'il s'agissait d'une journée ordinaire. Les camarades m'ont résumé les événements de la veille : la bombe dans la sacoche, la détonation, les blessés et les morts, ainsi que la visite de Mussolini, qui s'est déroulée malgré tout comme prévu en milieu d'après-midi[3]. Quelques heures à peine après l'explosion,

2. À dix-neuf heures, Remer, qui se trouvait alors dans le bureau de Goebbels, reçut l'ordre d'Hitler en personne de traquer les conjurés à Berlin. Plusieurs officiers impliqués, dont Stauffenberg, seront exécutés dans la nuit.
3. Sur les vingt-quatre personnes qui se trouvaient dans la salle de réunion, quatre décéderont des suites de l'explosion.

165

tout semblait être rentré dans l'ordre. Les communications téléphoniques passaient sans encombre, la réunion de midi était annoncée comme à l'accoutumée. Bref, le quotidien du QG retrouvait son rythme habituel. Quant au travail d'enquête sur place, aux inspections et aux mesures de sécurité, le RSD s'en occupait. Pas nous.

Un peu plus tard dans la journée, j'ai eu droit à la version d'Arthur Adam, mon copain gardien et téléphoniste de la Wehrmacht au QG du Führer. C'est lui qui s'occupait du standard dans la baraque en bois où avait eu lieu la réunion. Il m'a raconté comment les soupçons s'étaient immédiatement portés sur Stauffenberg. Très peu de temps après qu'il eut déposé son engin explosif sous la grande table en bois qui trônait au milieu de la pièce, il aurait quitté la réunion et demandé à Adam où se trouvait la voiture qu'il avait appelée. Celle-ci n'était pas encore là. Stauffenberg ouvrit alors la porte et quitta les lieux. C'est à cet instant précis que le général Rudolf Schmundt, aide de camp d'Hitler pour la Wehrmacht, déplaça, selon le récit d'Adam, la sacoche de Stauffenberg parce qu'elle le gênait. Quelques minutes plus tard, les fenêtres et la porte furent soufflées par l'explosion. Adam aurait alors tout de suite crié : « C'est Stauffenberg, c'est lui ! Regardez, son képi est encore accroché au portemanteau ! »

Les jours suivant l'attentat, notre commando ne reçut pas de consignes particulières. Je n'ai pas eu connaissance d'un renforcement des mesures de sécurité pour la protection du Führer, excepté pour les fouilles, toujours organisées par le RSD [4]. Toutefois, ce n'est que plus tard, et à Berlin uniquement, qu'un périmètre sécurisé fut mis en place dans les jardins de la chancellerie pour en interdire l'accès.

Hitler sortit de l'explosion avec des blessures qui paraissaient superficielles. Il en gardait certainement des séquelles, mais n'en laissa rien voir. Peu de temps après, les visites au QG reprirent de plus belle. Goebbels est venu s'entretenir avec le Führer. Un nombre important de gauleiters et de dirigeants du parti firent le déplacement.

Les journées de travail s'allongeaient. L'atmosphère était très tendue en raison d'une situation toujours plus menaçante sur tous les fronts. Les alarmes aériennes étaient de plus en plus fréquentes. À chaque fois qu'elles retentissaient, on allait se mettre à l'abri dans les bunkers fraîchement construits au printemps dernier. Celui du Führer était devenu un bloc massif avec des murs de plusieurs mètres d'épaisseur. Même le central téléphonique avait été renforcé.

---

4. Après cet attentat, Hitler crut une fois de plus en sa bonne étoile, un signe de la Providence, comme il le rappela dans son discours diffusé sur les ondes la nuit du 20 juillet 1944. Toutefois, selon la secrétaire Christa Schroeder, il fut défendu dès le lendemain « de déposer une serviette dans les locaux où se trouvait le Führer » et « tous les aliments destinés à la cuisine d'Hitler furent soigneusement examinés et ses médicaments analysés dans un laboratoire SS » (*op. cit.*, p. 185).

J'ai assisté à des disputes. Dans les semaines qui ont suivi l'attentat, je me suis retrouvé un jour en poste devant le baraquement dans lequel se trouvaient Hitler et le feld-maréchal *(Feldmarschall)* Wilhelm Keitel. La fenêtre était ouverte. J'entendais pratiquement tout. Une vive altercation opposa les deux hommes à propos du front nord, apparemment du côté de la Finlande[5]. L'armée allemande venait d'y subir de lourdes pertes. La puissance de feu engagée avait été largement insuffisante face à l'Armée rouge. D'après ce que je comprenais, quelque trois cents pièces d'artillerie avaient pourtant été livrées dans le port de Reval (Tallinn). Mais personne n'avait pris soin de les décharger, probablement par manque d'information. Keitel se défendait, tentait de couvrir ses troupes en essayant de trouver des explications. Hitler, lui, était remonté, laissant éclater sa colère. Il parlait fort, le verbe haut : « Pourquoi l'information n'est-elle pas passée ? Comment une pareille chose est-elle possible ? Il y a l'information et elle ne passe pas ! Comment peut-on donner correctement des ordres quand on n'obtient pas d'informations correctement ! Ce qui vient de se passer est un échec et c'est moi qui en suis responsable ! Et les pertes ? Les veuves et les orphelins, ils peuvent tous être en furie contre moi ! »

---

5. Le 19 septembre 1944, la Finlande signa un armistice avec l'URSS.

J'ignorais la nature des relations qu'entretenait Hitler avec Keitel, ni celles qu'il avait avec les autres grands responsables de la Wehrmacht. Les aides de camp et les valets de chambre auraient peut-être pu apporter des témoignages en ce sens. Moi, je ne le peux pas. Je n'étais pas assez proche pour cela. En revanche, une anecdote du Führer m'a montré combien il appréciait le général Ferdinand Schörner, un militaire autoritaire et rigoureux, réputé dur au combat.

Un jour, Albert Bormann était devant moi avec son porte-document contenant les feuilles à faire signer par le Führer. Je revenais du bureau de presse d'Otto Dietrich avec les dernières dépêches. Hitler est entré dans la pièce. Bormann s'est tourné vers lui, l'a salué et a engagé la conversation sur un ton badin. Il lui a annoncé que je souhaitais vivement prendre quelques jours pour revoir mon pays natal *(Heimat)* en haute Silésie. Le Führer lui a répondu que je pouvais partir, en précisant toutefois : « Mais si jamais Schörner apprend cela, mon autorisation ne vaudra plus rien ! » Quelques années après la guerre, au cours de ma détention en URSS, un gradé soviétique me confia qu'Hitler aurait eu besoin d'une bonne dizaine de Schörner pour avoir la moindre chance d'inverser la tendance.

Au cours du mois de septembre, Hitler tomba malade. Une forte jaunisse le cloua au lit. Pendant quelques jours, il ne quitta pas la petite chambre de son bunker, incapable de se rendre aux réunions militaires [6]. Une fois debout et à nouveau présent aux côtés de son état-major pour les briefings quotidiens, il lui faudra encore près de deux semaines pour se remettre correctement de son affection. La fatigue, l'épuisement pouvaient se lire sur son visage. Une période difficile, critique pour le Führer alors que les nouvelles, venues du front, étaient toujours plus désastreuses.

C'est au cours de ces journées de fortes tensions qu'Hitler décida de renvoyer deux de ses médecins qui l'accompagnaient depuis des années, les docteurs Karl Brandt et Hans-Karl von Hasselbach. Ils furent remplacés par le lieutenant-colonel *(Obersturmbannführer)* Ludwig Stumpfegger, l'un des anciens médecins personnels d'Himmler. Le docteur Morell, lui, était toujours là.

Fin novembre, Hitler s'installa dans son train spécial. Il quittait la Tanière du loup pour rejoindre la capitale [7]. Il n'y retournera pas. L'Armée rouge était entrée depuis quelques jours en Prusse-Orientale. Les combats faisaient rage.

Le trajet s'est déroulé sans encombre. Berlin, en revanche, donnait l'impression d'avoir été durement touchée par les bombardements depuis le 20 juillet, jour de mon départ précipité. Le séjour dans la chan-

---

6. « L'étroit lit de campagne, les murs froids et lisses en béton de son bunker, tout respirait la misère d'une cellule de prison », écrit Schroeder dans son témoignage (*op. cit.*, p. 211). Hitler y restera cloîtré deux jours, jusqu'au 2 octobre 1944.

7. Le 20 novembre 1944.

cellerie fut de courte durée. Le Führer avait choisi de déplacer son QG sur le front ouest. Une offensive était en préparation : une opération blindée gardée secrète et qui devait se dérouler dans la région des Ardennes, comme nous n'allions pas tarder à l'apprendre.

À nouveau, Hitler et son entourage embarquèrent dans son train spécial à destination cette fois de Ziegenberg, une petite ville située près de Bad Nauheim, au nord de Francfort. Nous étions à la mi-décembre[8]. Et j'étais toujours du voyage. Le QG se trouvait dans une région boisée et vallonnée. Les bunkers dans lesquels nous dormions étaient enterrés, comme cela se faisait souvent à l'époque. Ces nouveaux quartiers prirent le nom *d'Adlerhorst*, « Nid d'aigle ». Un choix personnel d'Hitler, assurément.

Une fois encore, mes souvenirs se troublent. Les journées se répétaient, les réunions se multipliaient inlassablement. J'étais là, toujours debout à observer ces généraux SS et de la Wehrmacht se succéder auprès du Führer dans un ballet incessant. Tout allait très vite. L'offensive échoua. Et le front est donnait des signes des plus alarmants[9]. Le temps était compté. Il fallut rentrer. Reprendre le train, partir pour Berlin, ultime QG du Führer.

---

8. Le 10 décembre 1944.
9. Lancée le 16 décembre 1944, l'offensive des Ardennes échoua devant Bastogne. Les 7 et 8 janvier, Hitler ordonna de retirer ses unités de panzers engagées dans l'opération. À partir du 12 janvier, les armées russes déclenchèrent une attaque massive sur le front est.

Le labyrinthe

Nous sommes entrés en gare de Schlesisch, à Kreuzberg, tôt le matin[1]. Un convoi nous attendait pour nous conduire immédiatement à travers les rues de la ville en direction de la chancellerie. Le trajet fut court. Il donna pourtant un avant-goût de ce qui nous attendait. Certaines façades des maisons étaient éventrées. Les toits endommagés. Les chaussées défoncées. J'ai cru voir un groupement de civils fuyant la capitale[2]. Berlin offrait un spectacle de désolation. Pas un mot ne fut prononcé dans le véhicule.

À peine arrivé, chaque membre du Begleitkommando reprit son poste. L'accueil, les courses et le standard tournaient à plein en l'espace de quelques instants. L'entourage habituel du Führer était là, lui aussi réuni

---

1. Le 17 janvier 1945.
2. En 1939, Berlin comptait 4,5 millions d'habitants. Dans les derniers mois de la guerre, quelque 1,5 million de personnes ont été évacuées. Chaque jour, pourtant, de nouveaux réfugiés fuyant les combats entraient dans la ville.

au complet dans cette chancellerie du Reich jusque-là relativement épargnée par les bombardements. Les secrétaires, docteurs, aides de camp et valets de chambre. Otto Dietrich au service de presse. Walther Hewel, l'agent de liaison de Ribbentrop. Les frères Bormann aussi, mais jamais ensemble. Kannenberg et son personnel, auquel était venu s'adjoindre Constanze Manziarly, la nouvelle cuisinière diététicienne en remplacement de madame von Exner. Hormis Eva Braun séjournant au chalet de Berchtesgaden depuis de longues semaines, tous étaient encore aux côtés du Führer dans ces moments de tension extrême.

Wilhelm Keitel et Alfred Jodl rejoignirent leurs quartiers situés à Dahlem, dans l'arrondissement de Zehlendorf. Le général Heinz Guderian s'installa au QG du commandement suprême de l'armée de terre à Zossen, à vingt kilomètres au sud de Berlin. Dönitz était à Oranienburg, au nord. Quant à Göring, il choisit le confort de sa résidence de chasse de Karinhall, à cinquante kilomètres au nord-est de la capitale.

Dès le premier jour de notre arrivée, les dépêches et notes militaires annonçant la forte poussée de l'offensive soviétique s'amoncelaient sur nos tables. Les lignes et positions défensives tombaient les unes après les autres. Rien ne semblait pouvoir arrêter la progression de l'Armée rouge. À l'ouest, les nouvelles n'étaient pas meilleures. Et dans les airs, les bulletins signalaient des formations toujours plus gigantesques volant tout droit en direction de Berlin.

J'ai posé pour la première fois le pied dans le Führer-bunker à peu près à cette période. La date exacte m'échappe, mais nous étions vers la fin janvier ou dans les tout premiers jours de février. Je venais de passer un petit moment de répit auprès de Gerda et notre fille dans la maison de ses parents. Il n'y avait pas d'alerte en cours.

Franz Schädle, nouveau chef du commando après le départ de Gesche, était venu me voir. Il m'annonça qu'il m'avait désigné pour descendre dans le bunker lorsque le « chef » s'y trouvait. Je devais m'occuper du standard, faire en sorte que tout fonctionne en cas de besoin. Avant de partir, il ajouta que j'avais été choisi parce que j'avais fait jusqu'à présent correctement mon travail. Je n'ai pas réagi.

J'ai appelé Hermann Gretz, le technicien de la Poste. C'est lui qui devait m'expliquer le maniement du standard téléphonique qui se trouvait au sous-sol. Il était là, disponible.

Nous avons d'abord emprunté les caves de l'ancienne chancellerie en passant par l'entrée qui se trouvait tout près de ma chambre, du côté de l'aile des aides de camp et des appartements du Führer. Il fallait ensuite descendre quelques marches, passer devant la cuisine du personnel, le vestiaire de la petite salle des fêtes d'Hitler, les toilettes, traverser un couloir qui mène au cellier et surnommé Kannenberg Allee, franchir une porte blindée et étanche avant de se retrouver dans une salle relativement étroite comportant deux autres portes du même type.

Elles étaient ouvertes. La porte en face menait au jardin du ministère des Affaires étrangères, jouxtant celui de la chancellerie. Celle de gauche donnait accès au complexe souterrain et bétonné conçu pour Hitler. Je me serais cru dans un labyrinthe.

Gretz est passé devant. Une fois franchie cette deuxième porte, nous étions dans ce que Gretz appelait le Vorbunker, l'avant-bunker ou niveau supérieur du bunker. Nous marchions vite, sans croiser personne. Nous avons parcouru le corridor central, d'une douzaine de mètres, rapidement. J'ai à peine eu le temps de jeter un coup d'œil sur les petites pièces qui se trouvaient de part et d'autre du couloir. À son extrémité, une nouvelle porte blindée, ouverte également. Gretz s'est avancé. Deux sas hermétiques, quelques marches*.

Nous y sommes.

L'endroit est austère. L'aménagement sommaire et la lumière crue. L'air, lui, est humide, « parce que les ouvriers n'ont pas eu le temps d'aérer correctement l'ensemble de l'ouvrage », explique Gretz. Il avance. Encore quelques mètres. Je suis, j'observe. Le bunker du Führer n'a vraiment rien de particulier. Il renvoie l'image d'un lieu plutôt rabougri, presque misérable avec ses murs en béton nu. Tout paraît ridiculement

---

* Voir plan du bunker d'Hitler, p. 253. *(N.d.É.)*

petit comparé aux énormes et très sûrs *Flachbunker* («bunkers à plat») construits pour la population civile. Les pièces sont minuscules, des cellules de trois mètres sur quatre au plus. À gauche en entrant, les points d'eau pour les toilettes et de quoi se laver. En face, dans un espace équivalant à deux cellules, la salle des machines avec son système d'aération, son éclairage et ses pompes à eau branchés sur un groupe électrogène. À côté, dans une pièce de taille à peu près identique, Gretz me montre un téléscripteur, une machine à écrire à cylindre et le standard qu'il s'empresse de manipuler. Il s'agit d'une machine à fiches, un petit central téléphonique vieux de quelques années déjà. La démonstration est rapide et ne pose aucune difficulté. On est ressortis.

Dans l'allée centrale, à deux mètres à peine, une lourde porte en métal, également ouverte. Je comprends qu'il s'agit d'une ultime précaution en cas d'attaque au gaz. Derrière celle-ci se trouvent les pièces réservées au Führer. Elles sont au nombre de cinq. Une chambre à coucher pour lui et une pour Eva Braun. Une salle de bains, une petite antichambre qui donne sur le couloir et permet d'accéder au bureau d'Hitler dans lequel ont été installés un secrétaire, un petit canapé, une table et deux fauteuils. C'est tout.

En face, dans une pièce située de l'autre côté du couloir, j'entr'aperçois Willy Arndt, le valet de chambre d'Hitler. Il est venu arranger quelques affaires et vérifier qu'il ne manque rien.

Nous partons. Le trajet pour rejoindre le rez-de-chaussée de la chancellerie dure une à deux minutes au maximum. Dehors, dans les jardins, des pelles et des pioches traînent sur le sol à côté de deux blocs en béton massif, une tour d'observation et une sortie de secours du bunker du Führer. Gretz me dit que les travaux de finition n'ont pas pu être terminés[3].

---

3. Le chantier du Führerbunker ne commença qu'en 1943. Il durera pratiquement deux ans et coûtera 1,4 milliard de reichsmarks. L'abri reposait 12 mètres sous terre et sa « toiture » en béton était épaisse de 4 mètres. En 1947, le Vorbunker fut détruit par les Soviétiques. En 1988, la « toiture » du Führerbunker est démolie à son tour par la RDA. Aujourd'hui, sur l'emplacement du complexe se trouve un parking.

Dernières semaines à la chancellerie

Personne n'habitait le bunker à ce moment-là. Il était encore vide. Il faudra attendre encore plusieurs semaines avant de voir Hitler s'installer définitivement dans ce qui allait devenir sa dernière demeure. Jusque-là, l'abri n'était alors utilisé qu'en cas d'alerte aérienne. Une fois celle-ci terminée, le Führer remontait sans attendre dans la chancellerie. Les nuits qu'il passa à dormir dans le bunker furent rares [1].

Début février, les raids aériens s'étaient encore intensifiés. La violence des bombardements ne cessa d'augmenter, avec l'emploi de plus en plus massif

---

1. La date de l'installation définitive varie selon les témoignages. Misch évoquera la deuxième moitié du mois de mars. Dans son journal, Goebbels indique qu'Hitler dormait dans le bunker depuis son retour à Berlin (*op. cit.*, 23 janvier 1945). Le déménagement aurait eu lieu à la mi-mars, selon les estimations du valet de chambre Linge cité dans l'ouvrage de Bahnsen et O'Donnell (*op. cit.*, p. 36), et à la mi-février, toujours d'après Linge, dans le document d'Eberle et Uhl (*op. cit.*, p. 320).

d'engins incendiaires [2]. Un déluge de bombes s'abattait pratiquement toutes les nuits sur la capitale. En pleine journée, il était de plus en plus fréquent d'entendre les sirènes annoncer un prochain raid aérien venu pilonner la ville. Le temps séparant l'alarme de l'attaque s'amenuisait continuellement.

Chaque jour, Berlin tombait un peu plus en ruine. Plus de la moitié des immeubles longeant la longue Whilhelmstrasse étaient entièrement ou partiellement détruits. Les bâtiments officiels regroupés dans ce périmètre étaient touchés. La chancellerie fut elle aussi sérieusement atteinte par endroits. Toutefois, elle tenait debout. La partie dessinée par Speer et l'aile de la Wehrmacht avaient subi les dommages les plus importants sans pour autant devenir totalement inutilisables. Les espaces de l'ancienne chancellerie réservés aux aides de camp, ma chambre, les cuisines ainsi que les appartements privés d'Hitler étaient encore étonnamment épargnés. Quant aux jardins, ils étaient parsemés de monticules et de nombreux cratères.

À cette époque, la conférence militaire qui se tenait habituellement à midi fut décalée dans l'après-midi pour ne commencer que vers quinze heures. Elle changea de lieu également [3]. La salle des opérations

---

2. Le 3 février 1945, l'aviation américano-britannique lance le plus grand raid de la guerre sur Berlin.
3. Below date ce déménagement de salle du retour d'Hitler dans la capitale, à la mi-janvier 1945 (*op. cit.*, p. 403).

de l'ancienne chancellerie n'étant plus utilisable, la réunion se déroulait dans l'imposant bureau de la nouvelle chancellerie. Fait nouveau, Heinrich Himmler, Martin Bormann et Ernst Kaltenbrunner, le chef de la police, assistaient eux aussi et de façon régulière, semble-t-il, à cet important briefing aux côtés des experts de l'armée.

La réunion durait en général entre deux et trois heures [4]. Hitler prenait ensuite le thé dans ses appartements privés de l'ancienne chancellerie. Il était accompagné d'une ou deux secrétaires, peut-être un de ses aides de camp. Il se trouvait rarement davantage de personnes autour de lui lors de ces brefs instants de relâchement. Le soir, vers vingt heures, il partageait sa table, là aussi avec un nombre de convives de plus en plus restreint. Une secrétaire, un valet de chambre, rarement plus.

Il travaillait apparemment beaucoup, peut-être davantage encore qu'auparavant. Et se couchait tard, très tard. Le point militaire de la nuit commençait entre minuit et une heure du matin. La durée de cette réunion s'allongeait. Une fois terminée, le Führer s'entourait comme à son habitude d'une poignée de proches pour une discussion qui ne se terminait que rarement avant les premières lueurs de l'aube. Après, une fois retiré dans sa chambre, il lui arrivait parfois encore de lire.

---

4. Pour une description détaillée du déroulement de ces réunions dans la nouvelle chancellerie, voir Below, *op. cit.*, p. 403 et 404.

Un soir, en pleine nuit, Hitler est sorti dans le jardin. L'alarme était en cours. Debout, les yeux tournés vers le ciel, il commença à observer attentivement le ballet des projecteurs de la DCA poursuivant les avions ennemis. Un membre du commando qui l'accompagnait, Joseph Graf, dit Joschi, lui conseilla vivement de se mettre à l'abri. « Ne vous inquiétez pas pour moi, répondit le Führer, il ne m'arrivera rien ! » Joschi insista en évoquant d'éventuels débris de carlingue susceptibles de tomber sur la chancellerie, mais rien n'y fit. Hitler retourna dans ses appartements une fois l'alerte terminée.

Je ne me souviens pas de la dernière allocution radiophonique du Führer [5], ni de sa dernière réunion politique avec les gauleiters et les hauts fonctionnaires du régime dans la nouvelle chancellerie [6]. Hitler avait certes quitté la capitale quelques heures pour rejoindre brièvement une position sur le front près de Francfort-sur-l'Oder, mais là encore je ne peux rien en dire [7]. Je ne sais même pas si je l'ai su le jour même ou seulement plus tard.

Tout allait trop vite, beaucoup trop. Je me demande d'ailleurs, comment nous parvenions à tenir le coup.

---

5. Le 30 janvier 1945, à l'occasion du douzième anniversaire de la prise de pouvoir, Hitler prononça son dernier discours public.
6. Le 24 février 1945.
7. Le 15 mars 1945. Sa dernière visite au front se passa près de Bad Freienwalde, à moins de 100 kilomètres au nord-est de Berlin.

Les services se succédaient à un rythme effréné. Les plages horaires s'allongeaient. J'ai en mémoire une sensation d'épuisement, un état de forte nervosité, mais toujours contenue.

Hitler paraissait certes fatigué, parfois à bout de nerfs, mais on se demandait entre nous comment il faisait pour ne pas craquer davantage au vu des circonstances. À certains moments, il paraissait même étonnamment calme. Les alertes, les bombes et la défaite chaque jour un peu plus évidente ne donnaient absolument pas l'impression d'entamer son autorité. Les rênes du pouvoir restaient entièrement entre ses mains. Tous venaient le voir. Tous demeuraient subordonnés au « chef », et à lui seul.

Je n'ai que très peu suivi les luttes d'influence, les conflits entre certains responsables du régime qui pouvaient éclater dans ce qu'il restait de la chancellerie. Le limogeage de membres du parti ou de chefs militaires ne m'a pas été rapporté, en tout cas pas sur le moment[8]. En revanche, la proximité de Martin Bormann avec le Führer, son influence apparemment grandissante auprès de lui durant ces derniers mois suscitaient

---

8. « Le cercle de ceux à qui Hitler faisait encore confiance se réduisait à vue d'œil. En même temps, jamais il n'avait toléré aussi peu la contradiction » (Kershaw, *op. cit.*, p. 1 125). Le 20 mars, Himmler fut démis de son commandement du groupe d'armées Vistule après son échec en Poméranie. Le général Guderian, un des derniers à lui tenir tête, fut congédié le 28 mars. Le lendemain, Hitler se sépara, après de longues années de collaboration, du chef de presse Otto Dietrich. La liste ne cessa de s'allonger.

quelques commentaires acerbes au sein des membres du commando. L'ancien bras droit de Rudolf Hess devenu « secrétaire particulier » d'Hitler donnait l'image de n'être que le fidèle interprète des directives de son chef. Jamais il ne semblait le contredire. Une attitude qui nous faisait réagir, entre nous, sur le ton de la connivence par un *« Bormann raus, Goebbels rein*[9] *! »*. Le ministre de la Propagande était un des rares à encore dire ce qu'il pensait à Hitler, du moins à nos yeux.

Un jour, vers la fin du mois de février, j'ai pris en début d'après-midi la suite du service de mon camarade Karl Tenazek. Il venait de terminer ses heures et comptait prendre quelques jours de repos, ses premiers depuis notre retour du QG de Bad Nauheim. D'après ce qu'il m'avait raconté peu de temps auparavant, il envisageait de se rendre quelques jours en Autriche, voir sa femme qui attendait un enfant. Avant de nous quitter, je lui ai demandé s'il souhaitait plutôt une fille ou un garçon. Il m'a répondu qu'il n'en avait pas la moindre idée. Vers quatorze heures, Tenazek s'est ensuite rendu seul au premier étage de la chancellerie, dans la chambre qu'il occupait, du côté de l'aile des aides de camp. Madame Hermann, la femme de chambre, était là. Tenazek s'est habillé devant elle avec ses habits les plus neufs. Une fois son travail terminé, madame Hermann a quitté la pièce. Tenazek s'est alors assis sur le lit et s'est tiré une balle dans la tête.

---

9. « Dehors, Bormann, faites entrer Goebbels ! »

Personne n'a compris sur le moment les raisons d'un tel acte. Tenazek ne laissa aucun mot. Certains ont cru un moment que des agents étrangers l'avaient approché et piégé d'une manière ou d'une autre.

Un camarade est parti sur-le-champ prévenir sa femme. Je n'ai pas su quelle fut sa réaction à l'annonce de la mort de son mari. Mais c'est par elle que nous avons appris que Tenazek avait très certainement mis fin à ses jours parce qu'il savait que l'enfant qu'elle portait n'était pas de lui. Tenazek était suivi par le docteur Morell qu'il avait consulté à Berchtesgaden. Personne n'avait été prévenu. Lorsqu'Hitler fut informé de la mort de Tenazek, il décida sans barguigner de faire passer le suicide pour un accident, permettant ainsi à la veuve de toucher la prime d'assurance de 100 000 reichsmarks.

Humide et inconfortable

Le Führer transféra définitivement ses quartiers dans le bunker à la mi-mars, peut-être même au cours de la deuxième quinzaine du mois [1]. Il m'est impossible de retrouver la date précise. En tout cas, ce fut le signal pour tous ceux et celles qui ne l'avaient pas encore fait d'occuper une pièce, ou du moins d'installer leurs affaires, dans les sous-sols de l'ancienne et nouvelle chancellerie.

Un garde de notre commando fut posté devant la porte blindée qui séparait le Vorbunker du Führerbunker. Il était seul, assis derrière une table installée dans le corridor du niveau supérieur du bunker. C'est lui qui contrôlait en dernier l'accès au Führer. Le couloir qui se trouvait devant lui était utilisé comme salle de réfectoire. À la droite du camarade, se trouvait la chambre des provisions, la cave à vin et la cuisine de la diététicienne d'Hitler, Constanze Manziarly. À gauche, les

---

1. La date est incertaine. Voir également note 1 page 178.

quatre petites pièces dans lesquelles allaient s'installer plus tard la femme de Joseph Goebbels, Magda, et leurs six enfants. Deux autres cellules étaient prévues pour le personnel.

Passé la porte blindée du Führerbunker et les quelques marches d'escalier, on avait de fortes chances de tomber d'abord sur Johannes Hentschel, le responsable des machines de l'ancienne chancellerie. Il travaillait presque en permanence dans la salle du groupe électrogène du bunker. Je m'étais installé dans la pièce de travail contiguë avec un matelas que j'avais descendu au tout dernier moment. Depuis mon emplacement, on pouvait accéder aux espaces réservés à l'aide de camp du Führer et à son valet de chambre ainsi qu'à la chambre à coucher de Joseph Goebbels qu'occupa le docteur Morell jusqu'au 22 avril, avant de s'installer dans un abri de la nouvelle chancellerie. Au fond, une toute petite salle avait été transformée en cabinet médical.

De l'autre côté du couloir, derrière les « appartements » d'Hitler, une dernière petite pièce permettait d'entreposer les cartes d'état-major. C'était là aussi que l'on enfermait parfois Blondi, le chien du Führer. L'espace avait été choisi pour les briefings quotidiens. Mais dans la pratique, le nombre de participants obligea très souvent à déplacer les conférences dans le corridor central où une table avait été installée. Les discussions interminables entre les experts militaires se faisaient debout en raison de l'étroitesse du lieu.

Je pouvais tout voir. La porte de ma pièce étant ouverte en permanence sur le couloir, je suivais d'un œil les rendez-vous des uns et des autres. J'étais pour ainsi dire au milieu de la scène, au point de passage obligé de tous les derniers acteurs du régime national-socialiste. Les Göring, Speer, qui descendaient parfois accompagnés d'un aide de camp. Et les autres qui venaient voir le Führer, seuls. Tous étaient encore là. Une fois Goebbels installé définitivement dans la chambre du fond, je sentais en plus, derrière moi, les allées et venues quasi permanentes de son aide de camp, le capitaine *(Haupsturmführer SS)* Günther Schwägermann, de son bras droit Werner Naumann, ainsi que de son valet de chambre Günter Ochs.

De mon poste, j'ai pu observer durant ces dernières semaines à quel point les rendez-vous avec le Führer raccourcissaient en durée. Ils se succédaient à un rythme soutenu, ne dépassant guère dix à vingt minutes. L'urgence dominait. Même lorsque Wilhelm Mohnke, mon ancien chef de compagnie qui m'avait recommandé cinq ans plus tôt pour entrer dans le Begleitkommando, descendait dans le bunker, il ne s'attardait pas, même pour discuter un court instant avec moi [2]. Comme beaucoup d'autres, Mohnke venait et expliquait en quelques mots ce qu'il avait à dire à Hitler avant de repartir aussitôt.

Mon travail se limitait uniquement à la bonne marche du standard. Pas une seule fois, je ne me suis

---

2. Wilhelm Mohnke, ancien capitaine SS de la Leibstandarte Adolf Hitler, fut nommé général de brigade *(Brigadeführer)* en janvier 1945 et chargé à partir du 23 avril 1945 de la défense du quartier gouvernemental situé autour de la chancellerie, surnommé la « Citadelle ».

rendu dans la chambre ou le salon du Führer pour y déposer une dépêche ou un quelconque courrier. J'étais cantonné dans ma pièce, complètement seul devant mon central téléphonique, tournant le dos à l'agitation du bunker.

Un jeune camarade nommé Retzlaf avait été désigné pour venir me relayer. Il venait d'intégrer notre unité. Je le connaissais à peine. Pendant mes pauses, il m'arrivait de monter directement dans les jardins de la chancellerie pour respirer un peu d'air frais. J'empruntais alors directement l'issue de secours située au fond de notre couloir. Il suffisait de passer une porte blindée, monter une cinquantaine de marches avant de déboucher dix à douze mètres plus haut à la surface. Pour dormir, je choisissais, tant qu'il m'était encore possible de le faire, de m'allonger dans ma chambre du rez-de-chaussée de la chancellerie. La pièce paraissait relativement sûre, solidement entourée de piliers et coincée par les cuisines.

L'atmosphère qui régnait dans cet assemblage de cellules était oppressante, lugubre et inconfortable. L'humidité n'arrangeait rien. Toutefois, les conditions générales de vie dans le Führerbunker me semblaient à tout le moins plutôt correctes eu égard à la situation du moment. Ailleurs, dans d'autres parties de ce labyrinthe souterrain de la chancellerie, il pouvait arriver que l'on passe devant des chambres dégageant une forte odeur de renfermé, de bottes et de sueur. Par endroits, on pouvait même sentir parfois les effluves de produits désinfectants. Mais ces descriptions ne correspondaient pas à la réalité qui prévalait dans l'enceinte souterraine du Führer. On n'y buvait pas comme certains ont pu le laisser entendre après la guerre. Il pouvait arriver qu'un pensionnaire se serve un verre d'alcool, mais guère plus. Ce n'est que dans les toutes dernières heures que j'ai pu observer un léger relâchement[3]. Quant à la cigarette, elle a été strictement prohibée, jusqu'au dernier jour. D'après ce que j'ai pu voir pendant toutes ces longues journées dans ce minuscule réduit occupé par Hitler, les règles de discipline paraissaient peut-être un peu plus souples, elles n'en demeuraient pas moins strictes.

Bien que je n'eusse rien à y faire, j'ai dû parcourir une douzaine de fois le long couloir souterrain qui serpentait sous la chancellerie. On y trouvait tout un dédale de petits bunkers, de catacombes et de caves reliés entre eux. Un lacis inextricable de passages plus ou moins larges, long de plusieurs centaines de mètres au total[4]. C'était là, dans ces abris parfois à peine consolidés que se terraient la plupart des proches d'Hitler, là que les hommes et les femmes qui l'avaient accompagné pendant de si longues années vivaient les dernières heures d'un régime au bord de l'effondrement.

---

3. Peu de temps avant le suicide d'Hitler, il pouvait arriver que les généraux Krebs et Burgdorf s'endorment sous l'effet de l'alcool en présence du Führer.

4. D'après les estimations, la longueur totale représentait près de 400 mètres.

Après le passage souterrain qui reliait l'ancienne chancellerie à la nouvelle, on accédait tout d'abord aux caves occupées par l'état-major d'Hitler : Nikolaus von Below, Otto Günsche et le général Wilhelm Burgdorf, l'aide de camp pour la Wehrmacht, avaient établi leurs quartiers à cet endroit. C'est ici aussi, dans cette partie la moins éloignée du Führerbunker, que logeaient Martin Bormann, son conseiller Wilhelm Zander et le demi-frère de ce dernier, Alwin-Broder Albrecht, également aide de camp personnel du Führer. Pour la petite histoire, Albrecht avait été récupéré *in extremis* par Hitler. Officier d'ordonnance de la marine, il avait dû quitter son poste à la suite d'une altercation avec le rugueux amiral Erich Raeder, qui lui reprochait de s'être marié avec une femme qu'il jugeait « amorale [5] ».

Plus loin, on trouvait les chambres de Traudl Junge, Gerda Christian, Christa Schroeder et Johanna Wolf, les secrétaires d'Hitler. À côté, l'agent de liaison d'Himmler, le général de division SS *(SS-Gruppenführer)* Hermann Fegelein, qui venait d'épouser Gretl, la sœur d'Eva Braun. Suivaient le successeur d'Heinz Guderian, Hans Krebs, dernier chef d'état-major général de l'armée de terre, et son aide de camp, le major Bernd Freytag von Loringhoven. En poursuivant la galerie, on tombait sur les pièces de l'officier de liaison de la marine, le vice-amiral Hans Erich Voss, l'ambassadeur Walther Hewel, le pilote d'Hitler, Hans Baur, son second Georg Betz et

---

5. Voir aussi la version plus détaillée de Below, *op. cit.*, p. 170.

le QG de Wilhelm Mohnke qu'il avait installé pour organiser la défense de la ville. Puis venait le coin des télégraphistes, cartographes et les membres du personnel civil. Le couloir menait encore à une salle d'opérations et de soins avant d'aboutir à une cantine, aux garages et enfin, tout au bout de cet édifice en sous-sol, aux chambres des chauffeurs, dont celle de leur chef, Erich Kempka [6].

---

6. Pour une description précise des souterrains de la chancellerie, voir Bahnsen et O'Donnel, *op. cit.*, p. 26-32.

L'anniversaire d'Hitler

Eva Braun débarqua vers la mi-avril dans le bunker. À la grande surprise de tous, elle quitta les Alpes bavaroises en avion pour atterrir sur une des rares pistes encore disponibles dans la capitale. Je ne sais même pas si Hitler avait été prévenu de sa venue [1].

À peine quelques jours plus tard, le 16 avril au petit matin, la nouvelle annonçant le déclenchement d'une grande offensive de l'Armée rouge depuis la ligne Oder-Neisse tomba. Les communications téléphoniques s'enchaînèrent à un rythme infernal entre le QG de Zossen, le standard de la Wehrmacht installé dans la chancellerie, l'état-major d'Hitler et le bunker [2]. Partout dans le bunker, la tension redoubla. Les généraux Krebs et Burgdorf discutèrent abondamment. Hitler, lui, se

---

1. Dans le document d'Eberle et Uhl, il est indiqué qu'Eva Braun serait venue contre la volonté d'Hitler (*op. cit.*, p. 309). D'après l'aide de camp Below, elle aurait débarqué à Berlin à la fin du mois de mars (*op. cit.*, p. 407).

2. Un standard de la Wehrmacht fut déplacé dans les catacombes de la nouvelle chancellerie dans les derniers jours.

montra particulièrement actif. Tendu et visiblement fatigué, mais encore très présent [3]. Le front s'effondra. Le 20 avril, jour du cinquante-sixième anniversaire d'Hitler, les chars soviétiques avaient atteint les faubourgs de la capitale. La ville était pratiquement encerclée. La veille ou le jour même, quelqu'un est descendu dans le bunker pour annoncer que l'on entendait le grondement des tirs d'artillerie. La réunion militaire de quinze heures dut commencer avec retard. Il y avait beaucoup de monde, plus d'une vingtaine de personnes rassemblées dans le couloir central. J'ai vu passer Göring, Himmler, Bormann, Dönitz, Fegelein, Keitel, Ribbentrop, Speer, Jodl, Krebs, Burgdorf et d'autres encore. Les aides de camp étaient descendus un peu avant les autres. Le cercle des proches était là, pratiquement au grand complet. Tous ensemble, réunis une dernière fois auprès du « chef » dans cette ville condamnée. Je ne sais pas dans quelle atmosphère les hauts dignitaires du Reich présentèrent leurs félicitations au Führer. Tout ce dont je me souviens, c'est que le soir même, très peu de temps après la conférence, Göring se retira précipitamment. Il avait prévu de partir la nuit même pour le sud, rejoindre sa femme et sa fille installées en sécurité dans la montagne de l'Obersalzberg.

---

3. Sur le détail de cette offensive et l'éventail des réactions des différents occupants du bunker, voir Eberle et Uhl, *op. cit.*, p. 365-375, et Below, *op. cit.*, p. 409 et 410.

Ce fut le premier de nombreux départs. Himmler, Dönitz et Kaltenbrunner ne tardèrent pas à le suivre. Des avions se tenaient prêts. Des convois de voitures furent organisés pour pouvoir quitter Berlin dans les prochaines heures, avant que les routes ne se ferment. L'aide de camp d'Hitler pour la marine, Karl-Jesko von Puttkamer, fut envoyé avec deux soldats au Berghof pour y détruire des documents. L'agitation était à son comble. Je crois ne pas être sorti du bunker cette nuit-là. Personne n'est venu me voir. L'ambiance était sinistre. Ce jour d'anniversaire d'Hitler marqua le début de la fin.

Je crois que, dès le lendemain, les Soviétiques firent leurs premières percées dans le Grand Berlin. Le centre-ville essuyait des tirs d'artillerie. Hitler, d'après le peu que j'ai pu en voir, paraissait ce jour-là particulièrement accablé et nerveusement usé.

Je me faisais énormément de souci pour Gerda et ma fille. Condamné à rester dans ce bunker aux allures mortifères, je les appelais constamment au téléphone. Depuis quelques jours, elles avaient déménagé à Rudow, au sud, chez mes beaux-parents. Un endroit relative-ment plus sûr que notre appartement de Karlshorst situé à l'est de la ville, distant de quelques kilomètres à peine des premières lignes soviétiques [4]. Le soir du 21 avril, bien après minuit, j'ai tenté de les joindre. La distance entre la chancellerie et la maison de Rudow

---

4. Le quartier Karlshorst sera occupé par l'Armée rouge dès le 23 avril 1945.

ne dépassait pas quinze kilomètres. Je n'ai pas obtenu de ligne. Pour la première fois, la communication avec ma femme ne fonctionnait pas. J'ai pris peur. J'ai essayé et réessayé, maintes fois, sans obtenir de résultat. Il était minuit passé et le silence s'était emparé du bunker. Dans la pièce d'à côté, deux sentinelles étaient allongées sur un lit de campagne. Elles ronflaient copieusement. Au bout d'un certain temps, j'ai découvert que le régulateur du central téléphonique de Britz, au sud de Berlin, était défectueux. C'était par lui que passaient les communications de Rudow, Buckow, etc. Que faire ? D'un geste fébrile, j'ai essayé de prendre contact avec les standardistes du dispatcher de Munich que je connaissais bien pour les avoir eus fréquemment au bout du fil. Je savais que cette ligne possédait un câble à très large bande permettant jusqu'à 280 communications téléphoniques simultanées. La connexion fut établie. Au premier collègue, j'ai rapidement expliqué la situation. Une téléphoniste intervint soudainement dans notre conversation. Elle travaillait pour les appels longue distance et proposa gentiment de tenter sa chance. Je lui ai donné le numéro où l'on pouvait joindre ma femme. Je ne m'attendais à rien. Une minute plus tard, j'avais Gerda au bout du fil. Elle ne dormait pas.

Le 22 avril, le chef de notre commando, Franz Schädle, est venu me voir. Il m'a dit qu'il pouvait me garantir une place dans un des tout derniers avions qui n'allaient pas tarder à décoller de Berlin, et que j'avais juste le temps d'aller chercher ma femme et ma fille. Je suis sorti du bunker, monté dans le véhicule qui avait été mis à ma disposition avant de traverser la ville en ruine aussi vite que possible.

Gerda refusa. Elle ne souhaitait pas laisser ses parents seuls et notre fille était de toute façon intransportable. Elle avait une très forte fièvre, plus de 40 °C [5]. Nous nous sommes quittés dans une profonde tristesse. Je lui ai promis de revenir dans quelques jours. J'étais loin alors de me douter qu'il faudrait attendre dix ans, jusqu'au jour de la fin de ma captivité en Union soviétique, avant de revoir Gerda et notre fille.

---

5. Beaucoup d'enfants restés à Berlin étaient atteints de scarlatine pendant les dernières semaines du conflit.

« La guerre est finie »

Dès mon retour, je suis passé voir Schädle dans les sous-sols de la nouvelle chancellerie pour lui faire part de notre décision de rester à Berlin. Il s'est empressé de libérer la place pour quelqu'un d'autre. À peine installé devant le standard du Führerbunker, Hentschel ou Retzlaf est venu me parler. L'après-midi avait été riche en rebondissements. La conférence militaire fut orageuse. Au moment où les experts faisaient un point sur les nouvelles désastreuses du front, le Führer ordonna à une partie des participants de quitter la salle de briefing. La réunion continua à huis clos. Elle fut singulière. Le bruit courait déjà dans le bunker qu'Hitler, hors de lui, aurait déclaré au cours de cette explication, et pour la première fois, que la guerre était finie, qu'il allait rester coûte que coûte à Berlin et mettre fin à ses jours [1].

---

1. Au cours du briefing, Hitler, consterné par les nouvelles du front, ordonna à tout le monde de quitter la salle, sauf à Keitel, Jodl, Krebs et Burgdorf. Below resta derrière la porte (*op. cit.*, p. 411).

Le bunker était calme. La décision de Goebbels d'occuper la chambre du fond avait peut-être réussi à faire baisser la tension. Ses affaires étaient sur le point d'être acheminées. L'aide de camp Julius Schaub fut, lui, chargé de détruire le contenu du coffre-fort d'Hitler avant de s'envoler le soir même sur l'Obersalzberg pour y brûler tous ses autres documents personnels.

Un peu plus tard, Beugst, l'opérateur radio, surgit dans le couloir du Führerbunker et remit une dépêche à son supérieur, Heinz Lorenz. Lorenz lut le papier en silence et décida d'aller frapper à la porte de l'anti-chambre d'Hitler. Elle s'ouvrit et se referma derrière lui. Beugst paraissait tout excité. Je me suis rapproché de lui pour lui demander de quoi il s'agissait. Il me confia qu'il venait d'avoir un message de la part des Alliés demandant que Berlin se défende encore deux ou trois semaines au minimum. Un signe évident, selon lui, d'une division au sein de la coalition en raison de la trop rapide progression soviétique. Une lueur d'espoir pouvait se lire dans ses yeux. Lorsque Lorenz ressortit de la pièce du Führer, je lui ai posé la même question et il m'a confirmé le contenu de la note.

« Et qu'en pense le chef ? demandai-je.

– Il a simplement dit : "Qu'est-ce que cela veut dire ? La guerre est de toute façon perdue ! Ils auraient dû peut-être y réfléchir avant !" » rapporta Lorenz.

Trop tard. Hitler et certains de ses proches avaient à plusieurs reprises évoqué, dans le passé, l'éventualité d'une rupture d'alliance entre les Anglo-Américains et les Soviétiques. Le Führer, très anglophile, crut pendant très longtemps que les Britanniques allaient changer de stratégie vis-à-vis de l'Allemagne pour empêcher une bolchevisation de l'Europe. Il ne comprenait pas qu'un peuple aussi commerçant et « doué pour le sens des affaires » *(kaufmännisch)* puisse s'allier avec les communistes pour détruire le pays[2]. Ces paroles, je les avais entendues maintes fois. Ce soir, il n'en était plus question.

J'ai encore essayé de téléphoner à ma femme. La ligne fonctionnait, mais personne ne décrocha. Gerda devait être déjà partie avec ses parents et notre fille se réfugier dans un grand bunker pour civils. Elles ne le quitteront pratiquement plus jusqu'à la fin de la guerre[3]. Las, je suis allé me coucher.

Le 23 avril dans la journée, Goebbels diffusa par voie de presse et sur les ondes l'information que le Führer resterait dans la ville pour organiser sa défense. En fin d'après-midi, Hitler monta à la surface. Son chien Blondi était à ses côtés. Il marcha à peine quelques minutes dans le jardin dévasté avant de redescendre en compagnie de quelques gardes du Begleitkommando dans le bunker par l'escalier de secours. Ce fut la dernière apparition du Führer à l'air libre. À partir de ce

---

2. Dans les toutes dernières semaines toutefois, « Hitler croyait Staline plus susceptible encore que les puissances occidentales d'être intéressé par des négociations », estime Kershaw (*op. cit.*, p. 1117).
3. Le père de Gerda mourra le 24 avril 1945 d'un éclat de bombe en quittant quelques instants l'abri.

jour, il restera claquemuré entre les murs austères de son abri jusqu'à sa mort[4].

Le grand exode continua. Les secrétaires Christa Schroeder et Johanna Wolf étaient parties pour le sud de l'Allemagne[5]. Le médecin personnel du Führer, Theodor Morell, prit l'avion lui aussi. D'heure en heure, le cercle des proches se rétrécissait un peu plus. Tard dans la nuit du 23 avril, j'ai vu des agents du RSD emporter à toute vitesse des caisses en zinc pour les charger dans le dernier avion JU 52 encore susceptible de pouvoir décoller de Berlin. Elles contenaient toutes les versions originales des notes sténographiées des entretiens du Führer depuis 1942. Des documents d'une valeur inestimable aux yeux du « chef » et qu'il fallait coûte que coûte, selon ses ordres, porter en lieu sûr[6].

L'atmosphère des jours suivants devint de plus en plus étrange. L'angoisse s'ajoutait à la peur. Comment quitter cet espace oppressant ? Et comment sortir vivant de ce funeste bunker en se gardant bien d'afficher le pressentiment du désastre ? Les questions taraudaient visiblement beaucoup de monde, en silence. Les pensionnaires passaient devant mon bureau d'un pas rapide, la mine contrite et le regard ailleurs. Hitler, lui,

---

4. Pour une description détaillée de cette dernière apparition d'Hitler, voir Bahnsen et O'Donnel, *op. cit.*, p. 19 et 20.

5. La date du départ des deux secrétaires varie selon les sources. Leur envol de Berlin aurait eu lieu le 22 avril 1945 ou le lendemain.

6. L'avion s'est écrasé peu après le décollage dans la région de Dresde.

m'apparut exténué, en proie certainement à une agitation interne phénoménale, il parvenait pourtant à garder la plupart du temps son sang-froid. Je ne l'ai pas entendu hurler ni crier. De jour comme de nuit, il continuait à diriger des briefings considérablement écourtés. Toutefois, je ne me souviens pas l'avoir vu donner l'impression de croire encore être en mesure de renverser la situation.

J'étais dans l'impossibilité de partir. Ma femme était clouée à Berlin avec notre fille. J'avais peur aussi d'être arrêté par la Gestapo si elle m'attrapait dans les ruines de la ville [7]. Il se racontait alors beaucoup de choses dans les catacombes de la chancellerie. Avec Hentschel, nous étions convaincus que la police secrète nous tuerait si jamais elle nous attrapait.

J'étais collé devant le central téléphonique, les écouteurs rivés aux oreilles. Le travail devenait incessant. Plus le front rétrécissait et plus les heures s'allongeaient. Les coups de téléphone venaient de partout. Ils n'ont pas cessé, jusqu'au dernier jour. Des civils de plus en plus nombreux appelaient le bunker. Ils avaient obtenu, par des amis ou un autre biais, le numéro du standard de la chancellerie qui était resté inchangé. Ils criaient, demandaient de l'aide, voulaient connaître les positions des soldats soviétiques. *« Wo sind die Russen ? »*, « Où sont les Russes ? », répétaient-ils. Parfois, c'étaient

---

7. L'état d'exception *(Fall Clausewitz)* fut instauré le 20 avril.

eux qui appelaient pour nous signaler l'emplacement des troupes ennemies. D'autres encore évoquaient des maisons en flammes, des exactions qui avaient été commises sous leurs yeux. Je prenais chaque appel. Mais je ne pouvais pas leur dire grand-chose. Le plus souvent, je leur demandais de patienter pour ensuite transférer la ligne directement chez Goebbels, en prenant soin de le prévenir.

Et puis, au beau milieu de ce bunker aux allures macabres, on entendait par intermittence les six enfants Goebbels jouant dans les couloirs, et parfois même dans ma pièce de travail. À deux, à trois, ils venaient voir leur père. Ils couraient et chahutaient comme si de rien n'était. J'ai même été obligé une fois de les chasser de mon réduit parce qu'ils faisaient trop de bruit.

Magda Goebbels passait régulièrement. Parfois, je la voyais aux côtés d'Eva Braun, toujours habillée avec élégance. Ensemble, elles s'asseyaient alors dans la petite pièce d'à côté pour discuter des événements passés et présents, du bunker et de la guerre. Elles disaient qu'elles ne quitteraient pas leurs hommes. Elles parlaient de suicide. Il arrivait aussi que Magda et Eva partent toutes les deux faire un tour en direction des catacombes de la nouvelle chancellerie.

Le 26 avril dans la soirée, alors que l'aéroport de Gatow avait fini par tomber entre les mains des Soviétiques, le général de l'armée de l'air, Robert Ritter von Greim, et sa compagne, la capitaine d'aviation et pilote d'essai Hanna Reitsch, parvenaient à atterrir près de la porte de Brandebourg aux commandes d'un avion léger de type Fieseler Storc[8]. Leur arrivée dans le bunker fut évidemment une surprise. Greim boitait. Il avait été touché à la jambe par un tir d'artillerie. Hitler le nomma feld-maréchal à la tête de la Luftwaffe en remplacement de Göring, déchu de toutes ses fonctions quelques jours plus tôt[9].

Ils sont restés deux jours dans le bunker. Je me souviens parfaitement comment Hanna Reitsch tenta de convaincre Magda Goebbels de laisser partir ses enfants. Une de leurs discussions s'était déroulée derrière moi, autour d'une table. « Si vous voulez rester ici, c'est votre affaire. Mais pas les enfants. Même si je dois faire vingt allers et retours en avion, je les sortirai d'ici », répéta la pilote.

Avant de partir, Hanna Reitsch s'est installée dans la pièce voisine. Je l'ai rejointe et j'ai bu un verre de vin avec elle. Günter Ochs est même venu nous servir. L'ambiance était curieuse et difficile à décrire. Le bruit des explosions devenait quasi permanent. Les premiers chars soviétiques n'étaient plus qu'à une centaine de mètres du quartier du gouvernement. Et nous voilà au cœur du bunker, assis autour de la table en train de

---

8. Les lampadaires de l'avenue centrale Unter den Linden avaient été démontés afin de permettre aux avions de se poser.

9. Le 23 avril 1945, accusé de trahison par Hitler, Göring consentit à se démettre de toutes ses fonctions pour raisons de santé. Il fut placé en résidence surveillée à Berchtesgaden.

siroter au calme un peu d'alcool. Il y avait du bruit dans le couloir, des discussions alentour. Artur Axmann, le chef de la Jeunesse du Reich, avait rejoint Goebbels dans sa cellule. Martin Bormann passa voir Hitler, et peut-être Goebbels.

Certains pensionnaires du bunker ont reçu une ampoule de cyanure ou d'acide prussique. Linge et Günsche m'ont dit que ce n'était pas Hitler qui les distribuait [10]. Celui qui devait avoir la charge de les répartir fut très certainement le docteur Ludwig Stumpfegger.

Je n'ai pas eu de capsule. Je ne faisais pas partie du cercle des plus proches. J'avais simplement mon pistolet Walther PP en permanence sur moi. Toujours chargé, au cas où les choses tourneraient mal. Je pense que dans un de ces ultimes instants de chaos, j'aurais pu me tirer une balle dans la tête. Il m'est difficile de parler de cela, même avec le recul des années. Je n'avais rien à voir avec ces idéalistes de la cause nazie qui ne s'imaginaient pas pouvoir vivre sans le Führer. Le suicide aurait été pour moi un moyen d'échapper à une situation extrême qui aurait pu survenir en cas d'attaque soviétique dans le bunker. Comme beaucoup, j'étais

---

10. Une affirmation qui vient contredire certains témoignages directs. La secrétaire Traudl Junge souligne avoir reçu de la main du Führer une capsule en guise d'adieu (*op. cit.*, p. 234), et l'aide de camp Nikolaus von Below précise qu'il l'a obtenue d'Hitler le 27 avril (*op. cit.*, p. 414). En revanche, le docteur Stumpfegger a bien donné des ampoules mortelles à d'autres personnes, notamment celles qui le souhaitaient.

épuisé, complètement à bout nerveusement. Je travaillais nuit et jour, comme un automate, une machine qui ne réfléchissait pas. Durant toutes ces dernières heures, je ne pensais absolument à rien. J'étais seul. Les accès du Führerbunker étant limités, cela faisait bien longtemps que personne n'était venu me voir. Aucun camarade ne posait le pied dans cette dernière demeure du « chef ». Même Helmut Beermann, un des « vieux » de l'entourage d'Hitler, n'est jamais descendu, à ma connaissance.

Dans l'après-midi du 27 avril, Hitler chercha à voir, au cours de la conférence militaire et pour une raison que j'ignore, Hermann Fegelein, l'homme de liaison d'Himmler. Il n'était visiblement pas dans le bunker et les recherches dans les abris de la chancellerie ne donnèrent rien. Certaines personnes de l'auditoire auraient alors signalé que son absence remontait déjà à plusieurs jours. On m'a demandé de l'appeler chez lui, mais personne ne décrocha le combiné.

Un peu plus tard, trois officiers et le lieutenant-colonel Peter Högl, l'adjoint du chef du RSD Johann Rattenhuber, ont surgi dans le couloir. Martin Bormann s'est adressé à eux en criant très fort : « Il faut aller chercher Fegelein tout de suite [11] ! » Dans la nuit, peu de

---

11. Un premier commando, dirigé par le lieutenant Helmut Frick, s'était rendu dans l'appartement de Fegelein à Charlottenburg. Fegelein, visiblement éméché et en compagnie d'une femme, promit de venir au bunker dès qu'il se sentirait mieux. Le groupe de SS est alors reparti. Pour un récit complet, voir Bahnsen et O'Donnel, *op. cit.*, p. 265-270.

temps avant d'aller dormir, je me trouvais dans le souterrain de la chancellerie et croisais un Fegelein flanqué
de deux gardes et de Wilhelm Mohnke [12]. Je ne lui ai
pas posé de question. Cela ne se faisait pas de la part
d'un subalterne. Je peux seulement dire qu'il portait un
manteau complètement ouvert et qu'ils se dirigeaient
tous les quatre vers les catacombes de la chancellerie.
Le lendemain, en début de soirée, Heinz Lorenz fit
son apparition dans le bunker. Il venait de recevoir une
information diffusée par Radio Stockholm, provenant
de l'agence britannique Reuter, annonçant que le
Reichsführer-SS Himmler avait entrepris des négociations en vue d'une capitulation. Je ne sais pas comment
Hitler a réagi [13]. En tout cas, pour le beau-frère d'Eva
Braun, cette information signa son arrêt de mort.

Tard dans la soirée, une poignée de policiers du
RSD alla chercher Fegelein. Alors qu'ils avaient à peine
parcouru quelques mètres dans le couloir, l'un des
gardes prit sa mitraillette et lui tira une rafale dans le
dos. J'ai appris tous ces détails par Hans Hofbeck, un
membre du RSD présent sur les lieux au moment de
l'exécution. Hans et moi travaillions très souvent
ensemble lors des déplacements du Führer. Il m'a fait
le récit en mimant avec ses bras le geste mortel de son

---

12. Mohnke fut chargé par Hitler de le dégrader et de le juger
ensuite pour trahison. L'état d'ébriété persistant de Fegelein l'obligea à
le faire dormir dans un abri de la chancellerie.
13. Hitler aurait eu un accès de fureur avant de sombrer dans un
long moment de silence (Bahnsen et O'Donnel, *op. cit.*, p. 270).

collègue, un mouvement du haut vers le bas, imitant également le bruit des balles avec sa bouche : « Taca-tacata ! »

Peu avant minuit, j'ai vu passer dans le couloir un inconnu encadré par deux autres hommes que je ne connaissais pas. Surpris, je me suis tourné vers Johannes Hentschel qui se trouvait à côté de moi. Il m'a dit, sur un ton laconique, qu'il s'agissait d'un officier de l'état civil [14]. Je l'ai regardé avec des grands yeux. « Oui, c'est l'officier d'état civil parce qu'Hitler va se marier ! »

La cérémonie eut lieu dans la petite salle de conférence au bout du couloir [15]. Bormann et Goebbels étaient là. Après quelques minutes à peine, l'affaire était réglée. Le fonctionnaire de l'état civil est reparti aussitôt. Les mariés ont réintégré leurs cellules, suivis de quelques invités. Je n'étais pas à l'intérieur.

À peu près au même moment, Traudl Junge est venue s'installer à côté de moi dans la pièce. Elle ne parlait pas. Elle relut ses notes avant de pianoter sur la machine à écrire posée sur la table. Il s'agissait du testament d'Hitler qu'il lui avait dicté juste avant ses noces [16].

---

14. L'officier d'état civil chargé de conduire cette étrange cérémonie s'appelait Walter Wagner, un conseiller municipal qui avait travaillé quelque temps dans les services berlinois de Goebbels. Il portait un uniforme nazi avec le brassard du Volkssturm, la Levée populaire. Voir Kershaw, *op. cit.*, p. 1170.

15. Vers une heure du matin, le 29 avril 1945.

16. Hitler dicta à la jeune secrétaire en fait deux testaments : un politique où il désignait les hommes pour lui succéder, et un personnel qui justifiait sa décision de prendre Eva Braun pour épouse et dans lequel il nommait Martin Bormann comme exécuteur testamentaire.

C'était la fin. Un silence de plomb, absolu, de mort, régnait dans le bunker, véritable sarcophage de béton. Tout le monde se doutait que le Führer allait mettre fin à ses jours dans les prochaines heures. Chacun d'entre nous se demandait quel sort allait nous être réservé après sa disparition. Les nouvelles provenant des dernières armées allemandes engagées sur le front étaient sans appel : les tentatives pour briser l'encerclement soviétique avaient toutes échoué. Au cours de la journée du 29 avril et dans la soirée, de petits groupes d'hommes quittèrent la chancellerie pour tenter d'ultimes percées. D'heure en heure, le nombre des pensionnaires se réduisait.

J'ai assisté de l'autre côté, dans les caves de la nouvelle chancellerie, à une scène étrange à laquelle participait le couple Goebbels, accompagné de ses six enfants. Joseph et Magda faisaient leurs adieux. Ils étaient assis autour d'une longue table. De nombreuses personnes les entouraient : des hommes, des femmes, des blessés et des infirmières, tous serrés les uns contre les autres dans ces catacombes ébranlées en permanence par les bombardements soviétiques. Un jeune garçon de seize ans environ s'est alors mis à jouer de l'accordéon. L'assistance reprit en chœur :

Die blauen Dragoner, sie reiten
Mit klingendem Spiel durch das Tor... [17]

---

17. Chant militaire : « Les dragons bleus chevauchent leur monture/En franchissant le porche tintinnabulant... »

Je suis retourné au bunker. Une dépêche était arrivée pour nous signaler que Mussolini avait été exécuté par les partisans italiens. La nuit fut courte. Chacun d'entre nous chercha vainement quelques heures de sommeil.

«On attend»

Dès l'aube, les tirs d'artillerie soviétique étaient à nouveau en action. On se battait sur la Friedrichstrasse et au Potsdamer Platz, à 300 mètres. Hitler prit son déjeuner préparé une dernière fois par Constanze Manziarly, peu après midi. Je l'ai encore croisé dans le couloir. Il était calme et silencieux. Arrivé à ma hauteur, il ne m'a rien dit. Il ne m'a pas non plus serré pour la première et dernière fois la main.

Il fit ses adieux aux proches en compagnie d'Eva Braun. Martin Bormann avait été rejoint par Joseph et Magda Goebbels, les généraux Krebs et Burgdorf, l'aide de camp Otto Günsche, le valet de chambre Heinz Linge, les secrétaires Traudl Junge et Gerda Christian, et peut-être aussi Artur Axmann, Walther Hewel et Wilhelm Mohnke. Le moment fut bref. Hitler et Eva se retirèrent une dernière fois dans leurs chambres.

Peu de temps après, je me trouvais à côté du standard téléphonique en présence du technicien Hentschel et de Retzlaf. C'était peu après l'heure du changement de service. Nous étions en train de discuter lorsque soudain quelqu'un a crié dans le couloir : « Linge, Linge ! Je crois que c'est fait ! » Je n'avais pas entendu de coup de feu [1].

Il régnait brusquement un silence absolu. Pas un mot ne fut prononcé. Au bout de quelques secondes, on commença à entendre quelques murmures. Il faudra encore attendre dix bonnes minutes, peut-être un peu plus, avant que Heinz Linge ou Otto Günsche, impossible de me souvenir lequel des deux, ouvre la porte de l'antichambre d'Hitler. Je suis sorti dans le couloir et j'ai passé la tête. La deuxième porte fut ouverte à son tour. Linge et Günsche avançaient côte à côte. Au fond, dans cette cellule que l'on appelait le salon, je voyais le corps inerte d'Hitler. Je ne suis pas entré. J'étais à six mètres, peut-être huit. Hitler était assis sur le petit canapé, replié sur lui-même, près de la table. Eva était près de lui, recroquevillée sur le canapé, sa poitrine touchait presque ses genoux [2]. Elle portait une robe bleu foncé avec des garnitures blanches en forme de petites fleurs.

Je me suis tourné vers Retzlaf et lui ai dit que j'allais me rendre tout de suite à la chancellerie pour passer

---

1. Il était peu après quinze heures trente, le 30 avril 1945.

2. D'après les témoins Linge et Günsche, deux pistolets Walther 7,65 mm et 6,63 mm gisaient aux pieds d'Hitler (Eberle et Uhl, *op. cit.*, p. 448). Une forte odeur d'amande amère – l'odeur caractéristique de l'acide prussique – se dégageait du corps d'Eva Braun.

l'information à Schädle. Il m'a demandé de revenir vite. À peine arrivé au Vorbunker, je me suis arrêté. J'étais devenu très nerveux, complètement excité. J'ai décidé de faire demi-tour, considérant qu'il valait mieux que je continue à voir ce qui se passait en bas.

Hitler était déjà allongé sur le sol. Linge, Günsche, Kempka et un membre du RSD que je ne connaissais pas soulevaient son corps pour l'enrouler dans une couverture grise. J'ai demandé à Hentschel ce qu'on allait faire. Il m'a simplement répondu : « On attend. » Les quatre hommes ont ensuite transporté le Führer par la sortie de secours. Je vois encore ses chaussures dépasser de la couverture. J'ai quitté le bunker à ce moment-là, bien décidé à faire passer l'information à la nouvelle chancellerie.

Assis dans sa pièce de travail, Schädle n'a pas réagi à mon bref compte rendu des événements. Il est resté de marbre, le regard fixe. Au bout de quelques secondes, il a bredouillé quelques mots insignifiants, « bien..., bon... », avant de me dire qu'il fallait que je retourne à ma place pour faire mon boulot.

À peine revenu dans le couloir, Retzlaf s'empressa de m'annoncer : « Le chef est en train de brûler. Vas-y, monte voir ! » Je lui ai répondu qu'il n'en était pas question. Nous sommes restés là tous les deux, plusieurs minutes sans bouger. Je crois que nous étions pétrifiés par la peur. On savait qu'Heinrich Müller, le chef de la Gestapo, était dans les parages, quelque part dehors, autour de la chancellerie. Je l'avais même vu traîner dans les catacombes ces derniers jours. Retzlaf et moi craignions que « Gestapo Müller », comme on l'appelait, nous liquide sur-le-champ s'il nous voyait à proximité du corps du Führer. Il aurait pu s'imaginer que nous étions responsables de sa mort.

Retzlaf voulait partir. Il lui a fallu un certain temps avant qu'il ne se décide à quitter définitivement le bunker. Le moment venu, nous nous sommes dit au revoir. Je ne l'ai jamais revu.

En fin d'après-midi, les derniers pensionnaires se sont rassemblés autour de Goebbels et de Bormann. J'ai vu Mohnke, Axmann, les généraux Burgdorf et Krebs. Ce dernier parlant couramment le russe fut chargé de prendre contact avec le commandement soviétique [3]. Quelques minutes plus tard, le technicien Hermann Gretz est venu me voir avec sur le dos un câble enroulé autour d'une poulie. Il m'a annoncé qu'il allait tirer une ligne souterraine permettant une liaison avec les premières positions ennemies, « jusqu'à la Zimmerstrasse, à 400 mètres au sud ». Avant de partir, il m'a encore indiqué sur le standard téléphonique les branchements que je devais absolument laisser libres pour sa manœuvre.

Gretz est revenu une heure plus tard, accompagné de Mohnke et de soldats SS. J'ai tenté d'ouvrir la ligne, en vain. Le signal ne fonctionnait pas. Gretz fut obligé

---

3. Hans Krebs était ancien attaché militaire à Moscou.

de retourner dans les conduites obscures. Avant même qu'il ne revienne, j'avais un soldat soviétique au bout du casque. Dans ma précipitation, je lui ai juste dit : « Un moment, un moment, il y a ici le général Krebs. » Le général prit le combiné. Nous étions tous autour de lui, suspendus à ses lèvres sans comprendre un traître mot de ce qu'il racontait. La conversation m'a paru très longue.

Une nouvelle discussion eut lieu dans le bunker. Krebs est parti peu de temps après, en pleine nuit. Il est revenu trois ou quatre heures plus tard [4]. D'après ce que j'ai pu comprendre, les Soviétiques exigeaient une reddition sans conditions, rejetant catégoriquement la proposition, défendue semble-t-il par Goebbels, d'engager des négociations séparées. C'était l'échec. L'ultime fin.

Le 1ᵉʳ mai, les derniers occupants ont passé la journée et toute la soirée à organiser leur sortie. Plusieurs groupes se sont constitués. Quant à moi, personne n'est venu me voir. Même pas mon chef Schädle [5]. J'étais là, seul avec Hentschel, planté entre le couloir et ma pièce de travail à assister aux ultimes préparatifs des uns et des autres. Avant de quitter la chancellerie, les proches, à l'instar de Bormann et Axmann, sont encore passés

---

4. Ce soir-là, le général Hans Krebs rencontre le général Tchouikov au Tempelhof.
5. Franz Schädle se suicidera dans la nuit du 1ᵉʳ au 2 mai 1945 dans la nouvelle chancellerie.

auprès de Joseph et Magda Goebbels pour échanger un dernier adieu : Günsche, Mohnke, Linge, Kempka, les secrétaires, Walther Hewel et Werner Naumann. Goebbels avait choisi de rester dans le bunker pour se donner la mort, avec sa femme. Les enfants devaient disparaître eux aussi. En fin de journée, Magda Goebbels est passée devant moi, en pleurs, avant de s'asseoir dans la pièce d'à côté[6]. Très calmement, elle a commencé alors à disposer des cartes à jouer sur la table. Joseph Goebbels est sorti de sa pièce. Debout, un peu sur le côté, il observa longuement sa femme. Soudain, il lui demanda ce qu'elle faisait. « Une patience », dit-elle sans lui jeter le moindre regard. Peu après, Artur Axmann est venu les rejoindre. Il prit une chaise. Une discussion s'ensuivit où furent évoqués le passé, les années de combats et de luttes. Magda Goebbels a quitté une fois la pièce pour préparer un café dans la cuisine du Vorbunker. Ses enfants gisaient à quelques mètres, dans une pièce voisine.

De nouvelles réunions ont eu encore lieu dans la soirée. Joseph Goebbels était extrêmement nerveux et parcourait inlassablement les pièces du bunker. À un moment, il s'est arrêté pour me demander si je n'avais pas reçu des appels qui lui étaient destinés. Je lui ai annoncé qu'il y en avait un certain nombre dont un du

---

6. Magda Goebbels venait d'empoisonner, avec l'aide du docteur Stumpfegger, ses six enfants âgés de quatre à douze ans dans une pièce du Vorbunker.

général Weidling et plusieurs du lieutenant Seifert, qui, lui, appelait toutes les cinq minutes [7]. « Cela n'a plus aucune importance, affirma-t-il. La guerre est perdue. » Goebbels retourna dans sa chambre.

Je voulais fuir. Je suis allé dans les souterrains de la nouvelle chancellerie où j'ai croisé Artur Axmann, qui m'a proposé de partir avec son groupe. « Je viendrai vous chercher », me lança-t-il.

De retour à mon poste, Goebbels est sorti de sa chambre. Il s'est approché de moi : « Qui reste-t-il encore ? » Je lui ai parlé d'Axmann, de Mohnke et d'autres que j'avais vus. « Mais cela ne fait plus beaucoup d'hommes ! » s'exclama-t-il. Je lui ai annoncé mon intention de quitter le bunker. Goebbels m'a demandé d'attendre, que cela n'était pas encore possible. Il quitta la pièce pour rejoindre son bureau en fermant la porte derrière lui. Environ un quart d'heure plus tard, il ressortit, visiblement plus calme. « Bon, nous avons appris à vivre et à combattre, nous allons donc bien savoir comment mourir. Vous pouvez maintenant disposer. C'est fini. » Il me serra la main, chose qu'il n'avait jamais faite avec moi dans le passé. Je lui ai dit au revoir en silence, d'un hochement de tête.

Pour la première fois depuis longtemps, j'ai ressenti une joie immense. Cet instant fut pour moi une véritable

---

7. Le lieutenant Seifert avait la charge de la défense du secteur « Z », soit la totalité du centre-ville.

libération, un soulagement incommensurable. Je me sentais à bout de forces, les troupes soviétiques à quelques mètres, et ma femme n'avait plus donné de nouvelles depuis plusieurs jours. J'étais pourtant comme apaisé.

J'ai éteint le standard et débranché tous les câbles. Avec Hentschel, nous avons échangé les lettres destinées à nos femmes respectives, au cas où l'un de nous ne survivrait pas à ces derniers jours de guerre. Il m'a dit qu'il devait encore rester pour faire fonctionner les machines qui alimentaient en eau et en électricité la salle de soins installée sous la nouvelle chancellerie. En partant, j'ai regardé une dernière fois le bunker. Il était vide. Il ne restait que Joseph et Magda Goebbels, enfermés dans la pièce du fond, et Hentschel. J'étais le dernier soldat à quitter cet espace de mort.

Joseph Goebbels et sa femme mirent fin à leurs jours à peine cinq minutes après ma sortie du bunker [8]. Je ne l'ai su que bien plus tard, lorsque j'ai revu Hentschel dans les années 1950. Au moment de leur décès, je devais me trouver quelque part dans les catacombes de la nouvelle chancellerie. J'étais allé prévenir Schädle de mon départ avant de manger un morceau à la cantine. Totalement épuisé et incapable d'aller plus loin, je me suis écroulé dans un coin pour piquer un somme.

---

8. Joseph et Magda Goebbels se sont suicidés en écrasant des capsules d'acide prussique dans leur bouche. Leur crémation fut limitée en raison du manque d'essence disponible.

Captivité

J'ai ouvert les yeux peu avant l'aube. Tout était encore calme. Je me suis mis en route sans attendre, avec pour seule arme mon pistolet et une lampe de poche [1]. Les couloirs et les caves souterrains étaient entièrement abandonnés par leurs occupants. Pour sortir, j'ai dû me glisser, comme me l'avait conseillé Schädle, par la petite fenêtre de la cave qui donnait sur le trottoir de la Wilhelmstrasse. C'était tout d'un coup le saut dans l'inconnu. Les ruines brûlaient, la chaussée était défoncée. J'ai traversé la rue avant de me retourner une fraction de seconde. La façade de l'ancienne chancellerie tenait encore debout.

J'ai poursuivi ma route, couru à travers la Wilhelm Platz et emprunté les escaliers de la station Kaiserhof [2]. La bouche de métro était entièrement criblée de balles.

---

1. Le 2 mai 1945.
2. Une dizaine de groupes dont ceux de Wilhelm Mohnke, Martin Bormann, Otto Günsche et du pilote Hans Baur ont tenté de fuir par cette station (aujourd'hui Mohrenstrasse).

218

Les couloirs étaient noirs de monde. Des femmes, des hommes, des enfants, tous assis, sur les marches, les quais, partout. Je me souviens de deux jeunes guitaristes jouant des airs de musique hawaïenne au milieu de ce chaos indescriptible. Le tunnel du métro était sans lumière. J'ai poursuivi jusqu'à la station Stadtmitte pour ensuite rejoindre la Friedrichstrasse. Là, j'ai croisé le valet de chambre Heinz Linge et un camarade du commando, Helmut Frick. J'ai demandé à Linge où se trouvaient les autres. Il n'en savait rien. « Et que fait-on maintenant ? » demanda-t-il. Je lui ai répondu que nous devrions nous avancer jusqu'au pont Weidendammer. « Impossible ! On en vient. Il y a là-haut un panzer allemand détruit, avec des corps partout. L'Armée rouge a le pont en ligne de mire. Elle tire sur tout ce qui bouge, ils voient tout ! » Avec les autres soldats, nous sommes convenus que nous irions en direction du nord, mais en continuant uniquement par les souterrains.

Sous la Spree, la route était obstruée par une montagne de ferraille et de pierre. Nous avons réussi à nous glisser au travers d'un mince passage de 50 centimètres de diamètre. Les 80 mètres suivants étaient à découvert. Les soldats soviétiques lançaient continuellement des grenades dans un trou béant situé dans le plafond du tunnel. Nous sommes passés en courant, un par un. Notre petite troupe a continué ainsi sa marche jusqu'à la gare de Stettiner.

Un puits d'aération était accessible par une échelle rivée au mur. Un membre du groupe est monté, a passé la tête et pu voir qu'il y avait des soldats allemands à la surface. Il est redescendu à toute vitesse : « Ils ont réussi à passer, ils sont tous là, déjà arrivés !» Nous sommes tous sortis. Ce n'est qu'une fois à l'air libre que nous avons compris notre erreur. Il s'agissait de prisonniers. Nous étions entre les mains des Soviétiques.

J'étais debout, aux côtés de Frick. Linge, lui, a soudainement détaché sa montre de son poignet avant de l'écraser avec le pied en murmurant : « Celle-là, ils ne l'auront pas.» Il avait reçu de l'ambassadeur Hewel cette pièce rare dont il n'existait que deux mille exemplaires. Linge extirpa ensuite discrètement une montre à gousset de sa poche et il la lança loin devant lui. Il se tourna vers nous en expliquant qu'il s'agissait de la montre du « chef». Nous avons tous regardé en silence une femme qui passait par là, avec un seau d'eau à la main destiné aux prisonniers, se baisser et la glisser dans sa poche avant de partir.

Plus loin, j'ai vu un groupe de soldats soviétiques tirer des coups de feu dans tous les sens. Ils donnaient l'impression d'être complètement ivres. Linge a alors rabattu sa casquette sur le front et nous a dit qu'il allait se tirer une balle dans la tête avec l'arme qu'il avait dissimulée sur lui. Je lui ai cogné la main. « Si quelqu'un doit le faire, c'est eux, pas toi. Ne fais pas de connerie !» lui ai-je dit. Il a pris son pistolet et s'en est débarrassé discrètement. Linge a ensuite proposé que l'on se sépare afin d'éviter que quelqu'un ne nous reconnaisse tous ensemble. Ce que nous fîmes. Peu après, les soldats soviétiques nous ont fait marcher pendant deux jours en direction de l'est, jusqu'au camp de Woldenberg (aujourd'hui Dobiegniew). Ce fut le début de ma très longue captivité.

J'ai été embarqué pour Posen (actuel Poznań), dans un grand centre de prisonniers de la région. J'y ai retrouvé le pilote d'Hitler, Hans Baur. Il avait une jambe en moins, amputée à la scie et sans anesthésie. Je lui ai proposé mon aide. Il fallait lui changer les pansements tous les jours et s'occuper de sa nourriture. Un jour, il m'a affirmé qu'il devait très prochainement être transféré dans un hôpital militaire de Moscou et qu'il avait la possibilité d'emmener un aide-soignant avec lui. « Monsieur Misch, me dit-il, sur un ton extrêmement sérieux, les conditions dans cet hôpital devraient être bien meilleures que dans un camp de prisonniers. Voulez-vous m'accompagner ? » J'ai accepté.

Un train nous a transportés jusqu'à Moscou. Le véhicule affrété par les policiers russes ne nous a pas déposés dans un hôpital militaire, mais à la prison Boutyrka. Deux ou trois semaines plus tard, on nous a transférés à la Loubianka, le siège du KGB, la police secrète. C'est là, dans une des pièces du premier ou deuxième étage, que nous avons subi les premiers interrogatoires. Ils ont commencé avec Baur. Les policiers l'ont battu. Au bout d'un certain temps, Baur a dit à ses geôliers : « Eh bien, demandez à la personne qui m'accompagne, il sait tout cela mieux que moi ! »

Ce fut mon tour. On nous a séparés. Les questions concernaient uniquement l'identité d'Hitler, de sa présence dans le bunker à laquelle mes gardiens ne croyaient pas. Ils étaient convaincus qu'il ne pouvait s'agir que d'une doublure, d'un sosie ou je ne sais quoi. «Tu mens, tu mens!» répétaient-ils. J'ai été battu, cogné à la tête et au corps. Plusieurs fois, un homme m'a fouetté, placé aussi sous une douche glaciale.

Les interrogatoires avec un certain commissaire Sawaliew ont commencé en décembre 1945. Il voulait tout savoir sur les derniers jours d'Hitler, où il se trouvait, comment il avait quitté Berlin, qui lui avait facilité la fuite et encore beaucoup de choses de ce genre. J'ai tout dit, tout ce que je savais. Très vite, il m'est apparu que Sawaliew et ses collègues, qui travaillaient très certainement au ministère de l'Intérieur, étaient très bien informés sur le sujet. J'ai tout dit, et pourtant cela n'a pas empêché les passages à tabac, sous prétexte que je mentais.

J'étais devenu une loque. Ma cellule était sans chauffage malgré le froid. Pendant plusieurs jours, on m'a empêché de dormir. Je me suis évanoui.

Au douzième jour de ce traitement, j'ai demandé un bout papier et un crayon. J'ai écrit un texte à l'intention du ministre de l'Intérieur et chef de la sécurité, Lavrenti Beria: «Mes déclarations reposent sur la vérité des faits. Mais on ne me croit pas. On me traite d'une manière inhumaine et on me torture. Je continue à dire la vérité. Pour échapper à d'autres tortures, je vous demande de m'exécuter.»

J'ai donné cette lettre à un gardien. On m'a immédiatement emmené dans le bureau des interrogatoires.

Ce fut pire. Ce n'est que vers la fin du mois d'avril 1946 que mon quotidien s'est progressivement amélioré.

En mai 1946, après un voyage de huit jours, je me suis retrouvé dans l'ancienne prison pour femmes de Lichtenberg, à Berlin, avec d'autres Allemands, dont Baur. Nous étions là officiellement en tant que témoins principaux au procès de Nuremberg. Les interrogatoires se poursuivaient. Je répétais sans arrêt que « je n'étais pas ici en tant qu'accusé, mais invité en tant que témoin ».

Je demandais à voir ma femme et ma fille. Après quelques jours, une inconnue est venue dans ma cellule quelques minutes, le temps de me raser. Ensuite, j'ai eu de nouveau droit à un interrogatoire. Au cours de ces journées passées dans la prison berlinoise, j'ai appris que Linge avait été conduit jusqu'au bunker. En revanche, personne n'est venu me dire contre qui je devais témoigner au procès.

Au bout de six semaines, les Russes nous ont fait comprendre que notre présence comme témoins n'était plus nécessaire. J'ai été ramené à Moscou.

Je suis resté près de trois ans dans la capitale soviétique, balancé entre la Loubianka et la prison Boutyrka. Puis, j'ai été transféré, après plusieurs semaines de trajet en train, dans un *Schweigelager*, un camp secret et isolé de la ville de Karaganda, au Kazakhstan. Nous étions une douzaine de prisonniers dans mon baraquement, dont des physiciens allemands spécialisés dans l'atome comme le professeur Herz. Un centre d'internement où nous étions plus ou moins libres de nos mouvements. On faisait un peu d'électricité, de maçonnerie aussi. C'est là, je crois, que j'ai croisé Sepp Plattzer, l'ancien valet de chambre d'Hess.

Le 21 décembre 1949, j'ai été condamné à mort sans aucune autre forme de procès. Comme je l'ai appris sur le moment, il s'agissait d'une condamnation collective. La peine a été commuée en 1950 à vingt-cinq ans de travaux forcés pour le motif suivant : soutien au régime nazi.

J'ai été acheminé dans un camp de prisonniers dans l'Oural, puis déplacé dans la région de Leningrad (Saint-Pétersbourg), près de la ville de Porovitche. De là, j'ai dû rejoindre l'aéroport de Tuchinov à Moscou pour m'envoler à nouveau vers l'Oural, à Sverdlovsk cette fois, et finalement prendre un train spécial jusqu'à Stalingrad pour un dernier centre de détention.

J'ai été libéré à la fin de l'année 1953. Le trajet de retour s'est déroulé en compagnie de nombreux autres prisonniers allemands [3]. Nous avons débarqué dans un camp situé à l'est de Berlin où des fonctionnaires ont pris le temps de vérifier nos identités avant de distribuer des vêtements. Une fois dehors, nous sommes

---

3. Les derniers Allemands quitteront l'URSS entre 1954 et 1955 après des accords signés entre le chancelier allemand Konrad Adenauer et Nikita Khrouchtchev. Otto Günsche ne rentrera en Allemagne qu'en 1956 après avoir passé une année supplémentaire de captivité en RDA.

montés par petits groupes dans le premier métro S-Bahn que nous avons trouvé. Au bout de quelques minutes, l'un d'entre nous s'est écrié de toutes ses forces : « Nous sommes à l'ouest ! » Il venait d'apercevoir la pancarte « Neukölln » à travers la vitre du compartiment. Nous sommes tous descendus précipitamment sur le quai. Je suis monté dans un taxi en précisant au chauffeur d'où je venais et que je n'avais pas un sou en poche. Il a démarré.

J'ai débarqué ici, à Rudow, devant la maison de mes beaux-parents, le soir du 31 décembre 1953. Il faisait déjà nuit depuis longtemps lorsque j'ai sonné. Ma femme a ouvert la porte, rejointe aussitôt par notre fille. Elles ne m'attendaient pas. Pour la première fois depuis neuf ans, je les ai serrées contre moi.

La vie après

Gerda avait repris des cours et obtenu un poste d'enseignante. Avec sa bonne connaissance de l'anglais, elle travailla un moment avec les Américains dans l'immédiate après-guerre. « Oncle Paul », qui connaissait bien le maire de Berlin, Ernst Reuter, l'avait aidée en ce sens [1]. Dès 1945, elle prit sa carte au SPD, le parti social-démocrate. L'année suivante, elle adhéra au syndicat DGB. Elle était engagée, elle militait activement, ce qui lui valut d'être élue à plusieurs reprises conseillère municipale à Berlin [2]. Il m'est arrivé de l'accompagner, dans les années 1960-1970, aux meetings ou à des réunions du SPD. J'y ai croisé Willy Brandt ou encore, bien plus tard, Walther Momper, maire de la ville au moment de la chute du mur. Je crois me souvenir avoir même

---

1. Ernst Reuter, maire social-démocrate de Berlin de 1947 à 1957 (à partir de 1948 maire de Berlin-Ouest).
2. De 1955 à 1967, Gerda Misch fut conseillère municipale SPD de l'arrondissement de Neukölln. Elle siégea au conseil municipal de la ville de Berlin entre 1975 et 1979 et en 1980.

distribué une fois des tracts dans la rue avec elle. Gerda était d'un côté du trottoir et moi de l'autre. On ne s'engueulait pas. Parfois, je lui disais : « Arrête avec ta politique ! » Mais cela n'allait pas plus loin. La politique ne m'a pas plus intéressé après qu'avant la guerre. Depuis la mort de Gerda en 1997, j'ai continué à voter SPD à chaque consultation électorale, en souvenir d'elle. Les premiers mois qui ont suivi mon retour ont été difficiles. Il me fallait du temps, du repos. Le besoin surtout de ne rien faire. Cela a duré un an. Douze longs mois passés à me remettre en essayant de me réhabituer à une vie normale. L'assistance publique *(Sozialamt)*, nous a même envoyés, moi et ma femme, en pension dans une ville de cure, à Reisbach pour « nous retrouver », disaient-ils.

Au cours de cette période, les Américains m'ont adressé une convocation. Ils souhaitaient très certainement m'interroger. Mais je ne me suis pas présenté devant eux. J'en avais assez. Assez de répéter pour la énième fois les mêmes choses comme je l'avais fait toutes ces années lors de ma captivité en URSS. Il n'y a pas eu de suites. Les autorités alliées ne m'ont jamais relancé ni même envoyé un représentant officiel chez nous, à la maison.

J'ai dû chercher du travail. Les pistes étaient peu nombreuses et le taux de chômage encore très élevé. J'ai repris des contacts. Un camarade m'a proposé un poste de représentant pour une société de produits

élastiques située dans la région de Bade-Wurtemberg.
Je n'ai pas donné suite. À Munich, je me suis entretenu
avec Erich Kempka, le chauffeur du Führer. Il avait
obtenu une place, de chauffeur également, chez Porsche.
Kempka m'a recommandé auprès de Jacob Werlin, le
conseiller d'Hitler en matière automobile et motori-
sation. Un homme que j'avais croisé à plusieurs reprises
dans la chancellerie, notamment lorsqu'il venait présenter ses modèles de pots catalytiques ou de chars
Tigre. Werlin avait été un des patrons de Mercedes [3].
Je ne sais plus par quel biais je me suis retrouvé à
Hambourg. Là, dans la ville hanséatique, un général de
la Wehrmacht qui s'occupait des prisonniers allemands
libérés tardivement comme moi m'a envoyé chez la
princesse d'Isenburg. Elle m'a aidé, elle aussi. Grâce au
soutien de ces tuteurs, il m'a été possible d'approcher le
ministre Hermann Schäfer qui m'a conseillé judicieuse-
ment et permis le montage d'un crédit très avantageux.
C'est avec cet emprunt que j'ai pu acheter un fonds de
commerce à Berlin, un magasin de peinture, vendu
alors par un individu âgé de soixante-seize ans. L'affaire
était correcte, sans plus. Elle m'a permis de passer le cap.
    Je n'ai pas vraiment lu de livres sur la période nazie.
J'ai des ouvrages sur cette période à la maison, mais je
ne les ai que feuilletés, au mieux. C'était ma femme qui

---

3. Après la guerre, Jacob Werlin n'occupa plus aucune fonction
chez Mercedes.

se documentait, elle qui achetait et lisait des ouvrages sur Hitler, le régime et les camps. Gerda se procurait même des rapports et des documents du SPD ou du syndicat. Elle était très organisée, comme une professionnelle.

Pour moi, j'ai reçu un choc, un coup terrible, apprendre ainsi, près de dix ans après la guerre, ce qui s'était passé dans les camps de concentration. J'ai pris en pleine figure ce que l'on appelait l'industrie d'extermination ou encore l'Holocauste. C'était horrible, extrêmement horrible. Pas une seule fois, je n'avais entendu pareilles choses durant ma captivité en URSS. Pas un geôlier soviétique n'avait évoqué devant moi la mort et la souffrance des Juifs. À aucun moment, un de mes tortionnaires n'avait fait allusion aux atrocités qui avaient pu être commises dans ces *Lager* (« camps »).

Encore aujourd'hui, je me demande comment une telle entreprise fut possible sans qu'aucun d'entre nous n'ait été alerté. J'ai été extrêmement perturbé, et le suis encore, d'avoir ainsi passé autant d'années à quelques mètres du Führer et de n'avoir rien entendu ni saisi quoi que ce soit sur le sujet, excepté cette dépêche évoquant la Croix-Rouge et le comte Folke Bernadotte. Hitler était mon chef. Je l'observais pratiquement tous les jours et je n'ai rien vu. En tout cas, je ne l'ai pas vécu en tant que meurtrier. Avec moi, il s'était montré attentionné et gentil.

Je ne me sens pas coupable. J'ai fait mon travail sans blesser la moindre personne. Je n'ai pas tiré le moindre coup de feu pendant toute cette guerre. Je ne regrette rien. Dire le contraire ne serait pas honnête. J'ai fait mon devoir en tant que soldat comme des millions d'autres Allemands. J'ai suivi, et j'estime avoir payé avec mes neuf années d'emprisonnement en URSS. Jusqu'à la mort de Gerda, j'ai préféré me taire. Je ne souhaitais pas parler en public de mon histoire afin d'éviter toute interférence sur le travail – elle était devenue directrice d'établissement – et les activités politiques de ma femme. J'étais là, à côté d'elle, lorsqu'elle recevait ses camarades, mais sans plus. Je crois que pratiquement tous ses proches du SPD connaissaient mon passé. Mais ils n'en ont jamais parlé avec moi. Une seule fois de son vivant, j'ai accepté d'être interrogé par deux historiens, pas plus[4].

Les premiers journalistes sont venus me voir il y a quelques années à peine. Depuis la sortie du film *La Chute* de Bernd Eichinger, cela n'arrête pas[5]. Des télévisions, des magazines, des quotidiens, d'abord de Berlin puis du monde entier, sont venus frapper à ma porte.

Ce film est un drame d'opérette. Tout y est exagéré. Il n'y avait pas de fêtes, de beuveries au champagne dans ce minuscule Führerbunker comme on a pu le voir projeté sur les écrans. Aucun membre de l'équipe du film, ni l'historien[6] qui a travaillé avec eux, n'est venu me voir. Personne.

---

4. Uwe Bahnsen et James P. O'Donnel dans les années 1970, *op. cit.*
5. *La Chute* est sorti en salle en Allemagne en 2004.
6. Joachim Fest, auteur notamment d'une biographie d'Hitler et de Speer.

Aujourd'hui, j'ai donc décidé de parler. Du moins raconter ce que j'ai pu voir et entendre pendant toutes ces années. Je le fais pour moi, mais surtout pour les générations actuelles et à venir. Ma fille ne veut plus me voir pour des raisons qui m'échappent. Elle s'est retirée progressivement, sans rien dire. Parfois, j'ai des nouvelles d'elle et aussi de ses deux fils. Ils ont été élevés dans une école juive de Francfort. Ils sont grands aujourd'hui. Le premier s'appelle Alexandre. Le second, Rochus. Rochus Jacob.

Notices biographiques

AMANN, Max (24.11.1891, Munich, † 29.3.1957, Munich)
Formation d'agent commercial. Sous-officier en 1914-1918. De 1921 à 1923, gestionnaire du NSDAP. Participe au putsch de 1923. Membre de la SS en 1932. De 1933 à 1945, responsable de la presse et des éditions du parti. Arrêté en 1945, condamné à dix ans de camp de travail. Libéré en 1953.

ARNDT, Wilhelm, dit Willy (6.7.1913, † 22.4.1945, en avion près de Börnersdorf en Saxe)
Formation à l'école hôtelière, membre de la Leibstandarte Adolf Hitler. De 1943 à 1945, valet de chambre d'Hitler.

AXMANN, Artur (18.2.1913, Hagen, † 24.10.1996, Berlin)
Cofondateur en 1928 du premier groupe de la Jeunesse hitlérienne à Berlin. En 1931, poursuit des études d'économie et de droit. Devient membre de la direction du NSDAP en 1932. En 1940, chef de la Jeunesse du Reich. En 1945, commandant de la brigade de la Jeunesse

hitlérienne à Berlin. Emprisonné par les Américains. Libéré en 1949. D'après les services secrets britanniques, entretient des contacts avec le Brudershaft, un réseau cryptonazi à Hambourg. Représentant commercial, en affaires avec la RDA et la Chine. En 1971, s'installe en Espagne, jusqu'en 1976, date de son retour en RFA.

BAAROVA, Lida (16.11.1914, Prague, † 27.10.2000, Salzbourg)

Actrice de théâtre, engagée en 1934 par la UFA, la compagnie cinématographique allemande. Invitée par Hitler et Goebbels. Liaison avec ce dernier. Retour à Prague après avoir quitté la chancellerie berlinoise sur ordre d'Hitler. En 1953, joue dans un film de Fellini. S'installe en Espagne en 1955.

BAUR, Hans (19.6.1897, Ampfing, † 17.2.1993 près de Munich)

Brevet de pilote en 1916. Devient membre de l'aviation postale de Bavière en 1920. En 1932, pilote d'Hitler pendant la campagne électorale. De 1933 à 1945, pilote personnel d'Hitler. En 1945, général de division de la Waffen-SS. Prisonnier en URSS de mai 1945 à 1955. Pilote de la Lufthansa.

BELOW, Nikolaus von (20.9.1907, Jargelin, † 24.7.1983, Detmold)

Entre en 1929 dans la Reichswehr. En 1933, intègre la Luftwaffe. Capitaine et aide de camp auprès d'Hitler en 1937. Fait prisonnier en 1945 par l'armée britannique. Libéré en 1948.

BERNADOTTE, Folke, comte (2.1.1895, Stockholm, † 17.9.1948, assassiné à Jérusalem)
Neveu du roi de Suède Gustave V. En 1918, lieutenant. En 1943, vice-président de la Croix-Rouge en Suède. Négocie en 1945 à Lübeck avec Himmler. Médiateur à l'ONU pour le conflit en Palestine en 1948.

BORMANN, Albert (2.9.1902, Halberstadt, † 8.4.1989, Munich)
Frère de Martin Bormann. Après le bac, salarié dans une banque. Devient membre du NSDAP en 1924. De 1931 à 1945, responsable de la chancellerie privée d'Hitler et aide de camp en 1934. En 1945, quitte Berlin pour l'Obersalzberg. Ouvrier agricole sous un faux nom. Il se livre en 1949 aux autorités. Libéré en octobre de la même année.

BORMANN, Martin (17.6.1900, Halberstadt, † 2.5.1945, suicide à Berlin)
En 1918, canonnier. Un an de prison en 1923 avec Rudolf Höss après avoir été accusé de meurtre. Devient membre du NSDAP en 1927. En 1928, entre dans la direction de la SA. En 1933, homme de liaison entre Hess et Hitler. Après le vol d'Hess en 1941, prend la direction du parti. Nommé secrétaire du Führer en 1943. Signe le testament politique d'Hitler avec Goebbels, Burgdorf et Krebs.

BORNHOLDT, Hermann (30.3.1908, Böningstedt, † 1.8.1976, Hambourg)
Agriculteur. Adhère au NSDAP en 1929 et intègre la SS en 1931. En 1933, membre de la Leibstandarte Adolf Hitler.

BRANDT, Karl (8.1.1904, Mulhouse, † 2.6.1948, exécuté à Landsberg)

Doctorat de médecine en 1928. Membre du NSDAP en 1932 et de la SA en 1933. En 1934, intègre la SS et travaille comme chirurgien à Bochum. Devient médecin chirurgien personnel d'Hitler en 1934. À partir de 1939, chargé du « programme euthanasie » sur des malades mentaux. En 1943, effectue des expériences sur des prisonniers dans les camps de concentration. Reçoit une dotation de 1 500 reichsmarks par mois d'Hitler. En novembre 1944, renvoyé par Hitler après avoir critiqué le docteur Theodor Morell. Condamné à mort au procès de Nuremberg en 1947.

BRAUN, Eva, ép. Hitler (6.2.1912, Munich, † 30.4.1945, suicide à Berlin)

École de commerce, assistante médicale, puis travaille pour le photographe Heinrich Hoffmann. Rencontre Hitler en 1929. Elle se rapproche de lui après la mort de Geli Raubal (nièce d'Hitler). En 1932 et 1935, tentatives de suicide. De 1936 à 1945, vit entre le Berghof et la chancellerie. Mariage avec Hitler le 28 avril 1945.

BRÜCKNER, Wilhelm (11.12.1884, Baden-Baden, † 18.8.1954, Herbstdorf)

Études de droit. De 1914 à 1918, lieutenant. Dirige le régiment dans lequel se trouve Hitler. En 1919, intègre les Freikorps. 1923, devient membre du NSDAP. Arrêté après le putsch de novembre de Munich où il dirige le régiment de la SA. Libéré en 1924. De 1930 à 1940, chef des aides de camp personnels d'Hitler. En 1941, rupture avec le Führer, intègre la Wehrmacht. Prisonnier de l'armée américaine de 1945 à 1948.

DARANOWSKI, Gerda, ép. Christian (13.12.1913, Berlin, † 14.4.1997, Düsseldorf)
Comptable. De 1937 à 1943, secrétaire d'Hitler. En 1943, mariage avec Eckhard Christian.

DARGES, Fritz (8.2.1913, Dülseberg, † 1944)
En 1933, SS. De 1936 à 1939, aide de camp de Martin Bormann. De 1940 à 1942, officier d'ordonnance d'Hitler. Envoyé au front, commandant d'un régiment de panzers SS.

DIETRICH, Josef, dit Sepp (25.5.1892, Hawangen, † 21.4.1966, Ludwigsburg)
En 1919, policier. Membre du NSDAP en 1923. En 1928, intègre la SS et entreprend une fulgurante carrière. Le 17 mars 1933, Hitler le charge de former une garde personnelle *(Leibgarde)* de 120 hommes qui deviendra la même année la Leibstandarte-SS Adolf Hitler, de la taille d'un bataillon. En 1934, dirige le commando meurtrier contre la SA dans l'«affaire Röhm». En 1942, Hitler lui offre une dotation de 100 000 reichsmarks. Restera commandant de la Leibstandarte jusqu'en 1943. De 1944 à 1945, général de panzers de la Waffen-SS. Arrêté en Autriche le 8 avril 1945. En 1946, condamné à la prison à vie (au procès de Malmedy). Libéré en 1955. Deux ans plus tard, à nouveau condamné, puis libéré en 1959.

DIETRICH, Otto (31.8.1897, Essen, † 22.11.1952, Düsseldorf)

En 1918, lieutenant. Poursuit des études de philosophie et sciences politiques et devient journaliste en 1926. Adhère au NSDAP en 1929. En 1934, devient vice-président de la chambre de presse du Reich et chef de presse du Reich en 1938. En 1949, condamné à sept ans de prison. Libéré en 1950.

DIRR, Adolf, surnommé Adi (14.2.1907, Munich, † ?)

Forgeron, boxeur semi-professionnel. Membre de la SA et du NSDAP en 1929. En 1932, intègre le Begleitkommando. Le 22 avril 1945, rejoint l'Obersalzberg. Arrêté en mai 1945 et libéré en 1948.

DÖNITZ, Karl (16.9.1891, Grünau, † 24.12.1980, Aumühle)

Entré dans la marine en 1910, il prend le commandement d'un sous-marin en 1918. À partir de 1936, dirige la flotte sous-marine. En 1942, obtient le grade d'amiral de la marine de guerre. Nommé le 30 avril 1945 par Hitler comme président du Reich et commandant de la Wehrmacht. Arrêté le 23 mai 1945 par les Britanniques, condamné durant le procès de Nuremberg à dix ans de prison. Libéré en 1956 de la prison de Berlin-Spandau.

DÖRNBERG, Alexander Freiherr von (17.3.1901, Darmstadt, † 7.8.1983, Oberaula-Hausen)

En 1919, intègre le Freikorps. Entre au ministère des Affaires étrangères en 1927. En 1934, rejoint le NSDAP. En 1938, chargé du protocole au ministère des Affaires étrangères et devient le protégé de Ribbentrop. Emprisonné en 1945 et libéré en 1948 pour « résistance passive et active ».

FEGELEIN, Hermann (30.10.1906, Ansbach, † 29.4.1945, exécuté à Berlin)

Garçon d'écurie. En 1927, officier de police. Membre du NSDAP en 1931 et de la SS en 1933. En 1935, fondateur de l'école d'équitation de la SS. En 1943, blessé par des partisans. Devient officier de liaison pour la Waffen-SS entre Himmler et Hitler le 1er janvier 1944. Le 3 juin 1944, se marie avec Gretl, la sœur d'Eva Braun. Surnommé « le gendre du Führer ». Arrêté, condamné à mort dans les catacombes de la chancellerie pour trahison.

FRICK, Helmut (25.11.1913, Schwerin, † ?)

Ferronnier. En 1931, entre au NSDAP. En 1933, intègre la Leibstandarte Adolf Hitler. Obtient le grade de lieutenant SS en 1944.

GESCHE, Bruno (1905, Berlin, † ?)

Membre, en 1932, dès sa formation, du Begleitkommando, avec notamment Franz Schädle, Erich Kempka, August Körber et Adolf Dirr. Du 15 juin 1934 au 5 janvier 1945, chef du Begleitkommando Adolf Hitler, avant de rejoindre le front pour une raison inconnue.

GOEBBELS, Joseph (29.10.1897, Rheydt, † 1.5.1945, suicide à Berlin)

En 1917, bachelier et dispensé de service militaire en raison d'un handicap physique. Après des études d'histoire et de philologie, obtient un doctorat en 1922. Fondateur en 1924 du NSDAP régional de Mönchengladbach. En 1926, directeur du journal *Der Angriff* (« L'Attaque »). De 1928 à 1945, responsable du NSDAP à Berlin et membre du Reichstag. En 1930, entre dans le parti en tant que responsable de la propagande. En 1931, se marie avec Magda Quandt, avec laquelle il a six enfants. De 1933 à 1945, ministre de la Propagande. Du 25 juillet 1944 au 1er mai 1945, mandataire de « la guerre totale ». Nommé chancelier du Reich dans le testament du Führer.

GOEBBELS, Magda, née Ritschl, mariée Quandt (11.11. 1901, Berlin, † 1.5.1945, suicide à Berlin)

Adoptée par un commerçant juif. En 1921, épouse l'industriel Günther Quandt avec qui elle a un fils, Harald. Elle divorce en 1929. En 1930, membre du NSDAP. Secrétaire au parti pour la région Grand Berlin. En 1931, se remarie avec Joseph Goebbels, dont elle a six enfants. Le 23 avril 1945, s'installe dans le bunker du Führer. Elle tue ses enfants avec l'aide du docteur Stumpfegger le 1er mai 1945.

GÖRING, Hermann (12.1.1893, Rosenheim, † 15.10.1946, suicide à Nuremberg)

Pendant la guerre de 1914-1918, capitaine d'aviation. En 1922, membre du NSDAP et chef de la SA. Grièvement blessé lors du putsch en 1923. Fuite au Tyrol et en Italie. Suite au traitement, dépendance à la morphine. Lors de ses séjours en hôpital, on diagnostique un comportement « hystérique brutal » et « maniaque antisémite ».

En 1927, retour en Allemagne, réintègre le NSDAP. De 1928 à 1945, membre du Reichstag. En 1933, ministre de l'Air et commandant de la Luftwaffe. En 1934, désigné en interne comme successeur d'Hitler. Mariage avec l'actrice Emmy Sonnemann. En 1935, maréchal du Reich et chef suprême de l'économie de guerre. Le 1er septembre 1939, officiellement nommé remplaçant d'Hitler. Le 23 avril 1945, relevé de toutes ses fonctions par Hitler et exclu du parti. Le 8 mai 1945, arrêté par l'armée américaine à Kitzbühel et condamné à mort le 1er octobre 1946 par le tribunal de Nuremberg pour crimes de guerre.

GREIM, Robert Ritter von (22.6.1892, Bayreuth, † 24.5.1945, suicide à Salzbourg)
De 1920 à 1922, études de droit. De 1924 à 1927, conseiller militaire (aviation) à Canton, en Chine. En 1934, lieutenant-colonel de l'armée de l'air. En 1942, chef du commando de la Luftwaffe est. Le 26 avril 1945, nommé général de l'armée de l'air par Hitler pour succéder à Göring. Fuite en Autriche, fait prisonnier par l'armée américaine.

GÜNSCHE, Otto (24.9.1917, Iéna, † 2.10.2003, près de Bonn)
En 1931, intègre les Jeunesses hitlériennes. En 1934, membre de la SS et de la Leibstandarte Adolf Hitler. En 1935, adhère au NSDAP. En 1943, aide de camp d'Hitler. D'août 1943 à février 1944, rejoint le front avant de reprendre sa place d'aide de camp auprès du Führer. Le 2 mai 1945, fait prisonnier par les Soviétiques. En 1950, condamné à vingt-cinq ans de travaux forcés. En 1955,

transféré dans une prison en RDA. Libéré en 1956, s'enfuit en RFA.

HAASE, Werner (28.8.1900, Köthen, † 1947, Moscou)
Doctorat de médecine en 1924. En 1933, membre du NSDAP et de la SA. En 1934, SS et médecin chirurgien d'Hitler jusqu'en 1936. Professeur à l'hôpital Charité à Berlin. En avril 1945, rejoint Hitler dans les catacombes de la chancellerie. Arrêté le 3 mai 1945 par l'Armée rouge. Décède dans l'hôpital d'une prison moscovite.

HENTSCHEL, Johannes (10.5.1908, Berlin, † 27.4.1982, Achern)
Mécanicien. 1934, travaille à la chancellerie. 1945, s'installe dans le bunker du Führer. Le 2.5.1945, dernier à quitter le bunker, arrêté par l'armée russe. Libéré en 1949.

HESS, Rudolf (26.4.1894, Alexandrie, en Égypte, † 17.8.1987, suicide dans la prison de Spandau, à Berlin)
Études d'économie et de géographie à Munich. En 1919, intègre le Freikorps. Membre NSDAP en 1920. Participe au putsch de 1923, condamné et passe sept mois dans la prison de Landsberg avec Hitler où il l'assiste lors de la rédaction de *Mein Kampf.* En 1925, secrétaire particulier d'Hitler et chef adjoint du NSDAP. Le 10 mai 1941, il se pose en Écosse en vue de négocier un plan de paix avec Londres. Emprisonné par les Britanniques et déclaré malade mental par Hitler. Tentative de suicide en 1941. Transféré à Nuremberg en 1945. Un an plus tard, condamné à la prison à vie.

HEWEL, Walther (2.1.1904, Cologne, † 2.5.1945, suicide à Berlin)

Études d'économie sociale à Munich. En 1923, participe au putsch, emprisonné. Travaille en Angleterre et en Inde. En 1933, intègre le NSDAP à la section étranger. Retour en Allemagne en 1936. En 1938, dirige l'état-major personnel du ministre Ribbentrop. La même année, met en garde contre les dangers d'une intervention dans les Sudètes et, en 1940, contre ceux du déclenchement d'une guerre. Bras droit et officier de liaison, est aussi nommé en 1943 ambassadeur plénipotentiaire. Blessé en 1944. Quitte la chancellerie le 1ᵉʳ mai 1945 en compagnie de Martin Bormann.

HIMMLER, Heinrich (7.10.1900, Munich, † 23.5.1945, suicide à Lüneburg)

Ingénieur agronome. En 1923, intègre le NSDAP et participe au putsch. Travaille dans différentes fédérations du parti. En 1925, membre de la SS, numéro d'adhérent 168. En 1933, devient chef de la police de Munich et supervise l'installation du camp de concentration à Dachau. Chef de la Gestapo à Berlin, participe le 30 juin 1934 à l'assassinat des membres de la SA. En 1936, chef de la police allemande, principal responsable de « l'appareil de terreur » du régime. Dès le début de la guerre, responsable du génocide des Juifs, Polonais, Russes et d'autres ethnies. Son slogan : « L'Est appartient à la SS. » Le 12 février 1943, visite le camp de Sobibór. La même année, ministre de l'Intérieur, chef de la SS. Relevé de toutes ses fonctions par Hitler pour avoir entrepris des négociations en vue d'une capitulation. Arrêté le 23 mai 1945 par les Britanniques.

HOFFMANN, Heinrich (12.9.1885, Fürth, † 16.12.1957, Munich)
À partir de 1908, photographe à Munich. Reporter pendant la guerre de 1914-1918. En 1920, membre du NSDAP. Obtient les droits exclusifs de toutes les images d'Hitler. En 1933, membre du Reichstag. Arrêté par l'armée américaine en 1945. En 1947, condamné à dix ans de camp de travail et interdiction d'exercer son métier. Libéré en 1950 et réhabilité en 1956.

HÖGL, Peter (19.8.1897, Passau, † 2.5.1945, Berlin)
Entre en 1919 dans la police et en 1932 dans la police judiciaire. À partir de 1933, travaille à la protection du Führer. En 1934, membre du NSDAP et de la SS. Adjoint du chef du Service de sécurité du Reich (RSD), Johann Rattenhuber. En 1944, directeur de la police judiciaire. Tué au cours de sa tentative d'évasion de la chancellerie.

JUNGE, Traudl, née Humps (16.3.1920, Munich, † 11.2. 2002, Munich)
Études dans une école de commerce. En 1938, secrétaire d'avocat et, en 1939, secrétaire de rédaction dans une maison d'édition à Munich. Secrétaire à la chancellerie du Reich en septembre 1942 et secrétaire d'Hitler du 30 janvier 1943 au 30 avril 1945. Emprisonnée en URSS où elle vit avec un officier soviétique. En 1946, s'enfuit en Bavière où elle est arrêtée. Libérée en 1947. Travaille comme secrétaire et journaliste dans différents magazines.

KALTENBRUNNER, Ernst (4.10.1903, Ried am Inn, † 16.10.
1946, exécuté à Nuremberg)
Doctorat de droit en 1926. Membre du NSDAP en
1930 et de la SS en 1931. Responsable en 1935 d'une
section SS en Autriche. De 1938 à 1940, général de police
et des Waffen-SS en Autriche. En 1943, chef de la police
de la SS. Arrêté le 12 mai 1945 par l'armée américaine et
condamné à mort.

KANNENBERG, Arthur, dit Willy (23.2.1896, Berlin,
† 26.1.1963, Düsseldorf)
Cuisinier, serveur et comptable. En 1919, reprend la
direction des établissements gastronomiques de son père
et fait faillite en 1930. Gérant d'un restaurant fréquenté
par Göring et Goebbels. En 1931, responsable du Casino,
la cantine de la « Maison brune » à Munich. En 1933,
intendant de la chancellerie. Arrêté en 1945 en Bavière.
Libéré en 1946. Restaurateur à Düsseldorf.

KEMPKA, Erich (16.9.1910, Oberhausen, † 24.1.1975,
Heutingsheim)
Mécanicien. En 1930, membre du NSDAP et de la SS.
En 1932, chauffeur au Begleitkommando puis, à partir de
1936, chauffeur attitré d'Hitler. Arrêté le 18 juin 1945 et
libéré en 1947.

KÖRBER, August (20.1.1905, † ?)
En 1932, membre du NSDAP et de la SS. De 1934 à
1945, intègre la Leibgarde (appelée Stabswache), puis le
Begleitkommando Adolf Hitler. Chargé de transporter
des documents au Berghof le 22 avril 1945. Arrêté en mai
1945 par l'armée américaine.

LEY, Robert (15.2.1890, Niederbreidenbach, † 25.10. 1945, suicide à Nuremberg)

Études de sciences naturelles. S'engage en 1914 dans l'armée. En 1917, blessé et emprisonné en France, jusqu'en 1920. Membre du NSDAP en 1925. De 1928 à 1931, condamné à plusieurs reprises pour propos antisémites. De 1933 à 1945, dirige le Front allemand du travail *(Deutscher Arbeitsfront)*. Le 20 avril 1945, s'enfuit de Berlin. Arrêté le 15 mai 1945 à Berchtesgaden.

LINGE, Heinz (23.3.1913, Brême, † 24.6.1980, Brême)

Maçon. 1932, NSDAP et SS. 1933, Leibstandarte Adolf Hitler. 1935, valet de chambre d'Hitler. 1939, serviteur personnel du Führer. Le 2.5.1945, arrêté par l'Armée rouge. 1950, condamné à 25 ans de travaux forcés. Libéré en 1955.

LORENZ, Heinz (7.8.1913, Schwerin, † 23.11.1985, Düsseldorf)

Études de droit. En 1932, photographe de presse. De 1936 à 1942, chargé des rapports en politique étrangère chez Otto Dietrich. À partir de 1942, chef du Bureau d'information allemand. Arrêté en mai 1945 par l'armée britannique. Libéré en 1947. Journaliste.

LORINGHOVEN, Bernd Freytag von (6.2.1914, Arensburg)

Entre 1934, entre à la Wehrmacht. Devient commandant dans un régiment de panzers en 1943. En 1944, officier d'ordonnance des généraux Krebs et Guderian. Quitte le bunker le 29 avril 1945. Capturé et libéré en 1948. Intègre en 1956 l'armée allemande (Bundeswehr). Prend sa retraite en 1973. Vit à Munich.

MANZIARLY, Constanze (14.4.1920, Innsbruck, † 2.5. 1945, Berlin, probablement suicide)
École hôtelière. À partir de septembre 1944, diététicienne d'Hitler.

MOHNKE, Wilhelm (15.3.1911, Lübeck, † 6.8.2001, Damp)
Magasinier. Membre de la SS en 1931 et de la Leibstandarte Adolf Hitler en 1933. En janvier 1945, nommé général d'armée, chargé de la défense du quartier gouvernemental à Berlin, la « Citadelle ». Arrêté le 1er mai 1945 par l'Armée rouge. Libéré en 1955.

MORELL, Theodor (22.7.1886, Münzenberg, † 26.5. 1948, Tegernsee)
En 1917, études de médecine. En 1918, travaille dans un cabinet d'urologie à Berlin. Membre du NSDAP en 1933. En 1936, médecin attitré d'Hitler. Administre différents calmants et remontants au Führer. Surnommé le « maître des piqûres du Reich ». En 1943, reçoit 100 000 reichsmarks du Führer. 1945, arrêté en Bavière. Libéré en 1947.

MÜLLER, Heinrich, surnommé Gestapo Müller (28.05. 1900, Munich, disparu depuis le 30.4.1945)
Fils de gendarme. Officier pendant la Première Guerre mondiale. En 1919, policier en Bavière, dans la section politique en charge de lutter contre le parti communiste.

Membre de la SS en 1934 et du NSDAP en 1939, devient alors chef de la Gestapo, chargé de l'internement et de l'extermination des Juifs dans les camps. Le 20 janvier 1942, participe à la conférence de Wannsee où il est décidé d'appliquer la « solution finale » en réponse à la question juive. Chef des groupes SS et général de division de la police. S'est probablement suicidé dans les ruines de Berlin.

OCHS, Günter (?)

Valet de chambre de Goebbels. Arrêté en 1945, emprisonné à Posen, puis à Riga. Porté disparu.

PAULUS, Friedrich (23.9.1890, Breitenau, † 1.2.1957, Dresde)

En 1911, lieutenant. Occupe différentes fonctions au sein de la hiérarchie militaire. En 1940, chargé de la planification de l'attaque menée contre l'URSS, l'opération Barbarossa. Feld-maréchal *(Feldmarschall)* à la tête de la VIe armée à Stalingrad. Capitule le 31 janvier 1943. Prisonnier de guerre en URSS. Témoin à charge dans le procès des criminels de guerre, libéré en 1953.

RATTENHUBER, Johann (30.4.1897, Oberhaching, † 30.6.1957, Munich)

En 1918, lieutenant. Entre dans la police à Bayreuth en 1920. En 1933, aide de camp d'Himmler. Dirige le Service de sécurité du Reich (RSD). Chef du commando de gardes du RSD pour la protection d'Hitler. Arrêté par l'armée russe. Libéré en 1951.

REITSCH, Hanna (29.3.1912, Hirschberg, † 24.8.1979, Francfort)

Pilote de planeur et d'avion à moteur. Nombreux records dont celui du vol en hauteur pour femmes en 1934. En 1937, capitaine d'aviation. En 1939, pilote d'essai dans l'armée de l'air. Admiratrice d'Hitler et seule femme à obtenir la croix de fer. Liée au général de la Luftwaffe Robert Ritter von Greim. Internée en 1945. Libérée en 1947.

REMER, Otto Ernst (18.8.1912, Neubrandenburg, † 4.10.1997, Marbella)

En 1935, lieutenant. Commandant du régiment Grossdeutschland à Berlin en 1944. Rôle clé dans la répression du coup d'État du 20 juillet 1944. Prisonnier de guerre en mai 1945. Libéré en 1947. En 1950, cofondateur d'un parti d'extrême droite interdit en 1952. Plusieurs fois arrêté et condamné pour propos haineux et racistes. En 1991, éditeur d'un journal négationniste. En 1993, mandat d'arrêt, fuite en Espagne.

RIEFENSTAHL, Leni (22.8.1902, Berlin, † 8.9.2003, Pöcking)

Danseuse et actrice. Contacts avec Hitler avant 1933. Elle n'adhère pas au NSDAP. 1936, succès considérable avec son film en deux parties sur les Jeux olympiques de Berlin. Longs métrages dans lesquels elle fait travailler des Tziganes et des Gitans renvoyés dans les camps de concentration après le tournage. Arrêtée en 1945, puis libérée. Réalise photos et documentaires en Afrique et sur les fonds marins de l'océan Indien.

SCHÄDLE, Franz (19.11.1906, Westerheim, † 1.5.1945, suicide à Berlin)

Technicien du génie civil. En 1930, membre du NSDAP et de la SS. En 1933, entre à la Leibstandarte Adolf Hitler et au Begleitkommando du Führer. Chef du commando le 5 janvier 1945. Blessé, ne peut quitter la chancellerie.

SCHAUB, Julius (20.8.1898, Munich, † 27.12.1967, Munich)

Droguiste. Pendant la Première Guerre mondiale, service militaire dans un hôpital. Membre du NSDAP et de la SA en 1920. Participe au putsch de 1923, est emprisonné. En 1925, aide de camp personnel d'Hitler. En avril 1945, détruit les documents personnels d'Hitler à Munich et Berchtesgaden. Arrêté, puis libéré en 1949.

SCHROEDER, Christa (19.3.1908, Munich, † 28.6.1984, Munich)

Formation commerciale et de sténotypiste. En 1930, secrétaire et membre du NSDAP. De 1933 à 1939, secrétaire auprès de l'état-major d'Hitler. Secrétaire d'Hitler dans ses différents quartiers généraux. Le 22 avril 1945, fuit en Bavière. Arrêtée, puis libérée en 1948. Secrétaire dans différentes sociétés industrielles.

SPEER, Albert (9.3.1905, Mannheim, † 1.9.1981, Londres)

Études d'architecture. En 1931, membre du NSDAP et de la SA. À partir de 1934, concepteur et architecte des projets nationaux-socialistes. En 1936, chargé du « Nouveau Berlin ». En 1939, construit la nouvelle chancellerie *(Neue*

Reichskanzlei). Innombrables fonctions au sein du pouvoir nazi. En 1942, nommé ministre de l'Armement, chef de « l'organisation Todt ». En 1943, ministre du Reich pour la Défense et la Production de guerre. Arrêté par l'armée britannique en 1945 et condamné en 1946 à vingt ans de prison. Libéré en 1966 de la prison de Berlin-Spandau. Auteur d'écrits apologétiques.

STAUFFENBERG, Claus Schenk Graf von (15.11.1907, Günzburg, † 20.7.1944, exécuté à Berlin)

En 1934, capitaine. Participe à l'invasion de la Pologne et de la France. En 1941, prise de contact avec des cercles d'opposants à Hitler au sein de la Wehrmacht. En 1943, 10ᵉ division de panzers en Afrique, grièvement blessé. Chef de l'état-major des armées de réserve auprès du général Fromm. Participe aux conférences militaires du Führer. Dépose une mallette contenant une bombe le 20 juillet 1944 dans la salle de réunion du QG Wolfsschanze (Prusse-Orientale). Hitler n'est que très légèrement blessé. La tentative de coup d'État échoue. Arrêté à Berlin, condamné à mort et fusillé dans la cour du siège de commandement de la Wehrmacht.

TROOST, Gerhardine, surnommée Gerdy, née Andersen (3.3.1904, Bad Reichenhall, † 8.2.2003, Bad Reichenhall)

Artiste plasticienne. En 1925, se marie avec un proche d'Hitler, l'architecte Paul Troost, qui se suicide en 1934. Membre du NSDAP en 1932. En 1934, prend la direction de la maison de l'Art allemand. En 1937, obtient le titre de professeur. À partir de 1945, artiste indépendante en Bavière.

WAGNER, Winifred, née Williams (23.6.1897, Hastings, † 5.3.1980, Überlingen)
Orpheline, adoptée par un professeur de piano. En 1914, rencontre la famille du compositeur Richard Wagner, et épouse en 1915 Siegfried Wagner. En 1923, soutient financièrement le parti nazi. En 1929, adhère au NSDAP. De 1930 à 1944, dirige le festival de Bayreuth après la disparition de son mari. En 1933, Hitler soutient financièrement le festival. Jugée coupable en 1947, mais le jugement est révisé en 1948 du fait qu'elle soutenait également des opposants au régime. Abandonne la direction de Bayreuth lors de sa réouverture en 1951. En 1975, profession de foi publique en faveur d'Hitler.

Principales sources : Ernst Klee, *Das Personnen Lexikon*, Westbild, 2006 (3ᵉ édition) ; Henrik Eberle et Matthias Uhl, *Das Buch Hitler*, Lübbe, 2005 ; Wolfgang Schneider, *Die Waffen-SS*, Rowohlt, 2003 (5ᵉ édition).

Le bunker d'Hitler

Le « Führerbunker »

1 Chambre d'Hitler
2 Bureau d'Hitler
3 Salle de bains, toilettes, dressing d'Hitler et Eva Braun
4 Bains et toilettes communs
5 Chambre d'Eva Braun
6 Antichambre d'Hitler
7 Salle de réunion, de conférences
8 Corridor
9 Corridor
10 Salle des machines
11 Téléphone et communications
12 Salle d'attente
13 Cabinet de travail de Goebbels
14 Cabinet médical
15 Salle de repos
16 Téléphone et communications
17 Tour d'observation
18-19 Salles de garde
20 Salle à porte étanche
21 Sortie de secours vers les jardins de la chancellerie
22 Accès à l'avant-bunker, escalier, salle de garde

L'avant-bunker, ou bunker supérieur

23 Salle à porte étanche
24 Réfectoire
25 Appartements de la famille Goebbels
26-27 Salles de repos
28 Salle technique
29 Réfectoire
30 Toilettes et bains
31 Cuisine
32 Stockage des provisions
33 Salle de repos
34 Chambre des coffres
35 Chambres d'appoint
36 Salle de garde
37 Salle à porte étanche
38 Sortie de secours vers les jardins du ministère des Affaires étrangères
39 Entrée principale et tunnel d'accès à la nouvelle chancellerie

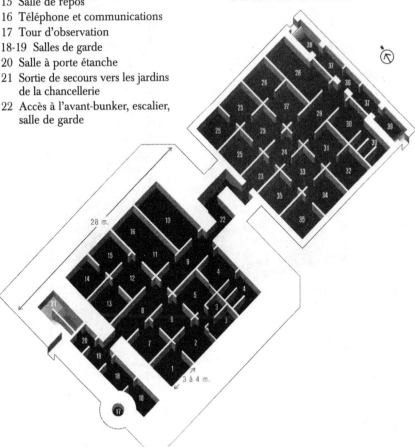

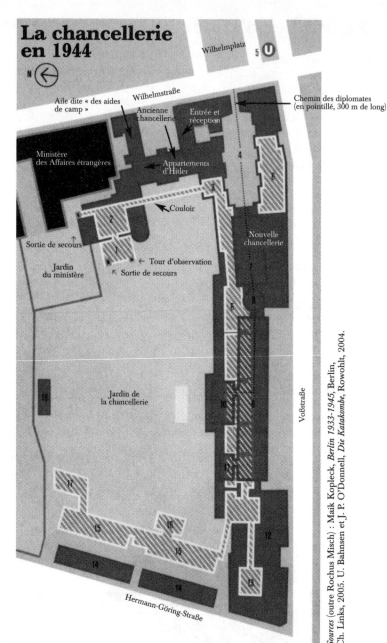

La chancellerie en 1944

N ←

Wilhelmplatz 5 U

Aile dite « des aides de camp »

Wilhelmstraße

Ancienne chancellerie

Entrée et réception

Chemin des diplomates (en pointillé, 300 m de long)

Ministère des Affaires étrangères

Appartements d'Hitler

4

6

Couloir

2

Nouvelle chancellerie

Sortie de secours

1

Jardin du ministère

← Tour d'observation

↖ Sortie de secours

7

8

6

9

Jardin de la chancellerie

18

16

10

Voßstraße

11

17

15

16

12

15

14

14

13

Hermann-Göring-Straße

Sources (outre Rochus Misch) : Maik Kopleck, *Berlin 1933-1945*, Berlin, Ch. Links, 2005. U. Bahnsen et J. P. O'Donnell, *Die Katakombe*, Rowohlt, 2004.

1 Bunker d'Hitler
2 Avant-bunker
3 Salles de repos et de travail de l'état-major et des aides de camp
4 Cour d'honneur
5 Station de métro Kaiserhof (aujourd'hui Mohrenstraße)
6 Hôpital, salles de repos et de travail (Martin Bormann, Hans Krebs, général Burgdorf, Hans Baur...)
7 Salle des mosaïques

8 Salle ronde
9 Galerie des marbres
10 Bureaux d'Hitler
11 Salle de réunion du cabinet du Reich
12 Services administratifs
13 Abris pour véhicules
14 Caserne des gardes
15 Garages souterrains
16 Bunker des chauffeurs
17 Ateliers souterrains
18 Serres

Table

Mis en pages par DV Arts Graphiques à Chartres
Imprimé en France par Normandie Roto Impression s.a.s., 61250 Lonrai
Dépôt légal : mars 2006
N° d'édition : 505 – N° d'impression : 06-0540
ISBN 2-74910-505-6